오픈AI의 특허 전략과 글로벌 AI 특허 경쟁

인공지능총서

인공지능 시대입니다. 기계가 인간의 인지를 대신하고, 사물이 인간을 통하지 않고 다른 사물과 직접 커뮤니케이션합니다. 이에 따른 인간 삶과 문명 변화를 정확히 이해·예측·대응하는 것은 이 시대 우리 모두의 과제입니다. 인공지능총서는 인공지능 기술과 환경의 여러 주제를 10가지 키워드로 정리합니다. 관련 개념과 이론, 학계와 산업계의 쟁점, 우리 일상의 변화를 다룹니다. 인간과 기술의 현재, 미래를 세심히 분석합니다.

일러두기

- 인명, 작품명, 저서명, 개념어 등은 한글과 함께 괄호 안에 해당 국가의 원어를 병기했습니다.
- 외래어 표기는 현행 어문규정의 외래어표기법을 따랐습니다.

처음이세요?

전문가세요?

지금, 큐알 찍으면

🎁 AI 입문서 바로 선물

📚 당신만의 필독서 추천

📖 500권 요약본 공짜

🎧 오디오북 무료 사용

오픈AI의 특허 전략과
글로벌 AI 특허 경쟁

김용덕

대한민국, 서울, 커뮤니케이션북스, 2025

오픈AI의 특허 전략과 글로벌 AI 특허 경쟁

지은이 김용덕
펴낸이 박영률

초판 1쇄 펴낸날 2025년 5월 23일

커뮤니케이션북스(주)
출판 등록 2007년 8월 17일 제313-2007-000166호
02880 서울시 성북구 성북로 5-11
전화(02) 7474 001, 팩스(02) 736 5047
commbooks@commbooks.com
www.commbooks.com

ISBN 979-11-430-0214-3 03500

책값은 뒤표지에 표시되어 있습니다.

차례

오픈AI와 빅 테크의 AI 특허 전략

4차 산업 혁명 시대의 핵심 기술인 인공지능은 빠르게 발전하고 있으며, 기업들은 AI 기술을 보호하고 시장에서 경쟁 우위를 확보하기 위해 특허 전략을 강화하고 있다. 과거에는 AI 기술이 주로 연구 개발(R&D) 단계에서 활용되었지만, 최근에는 다양한 산업에서 상업화되면서 특허의 중요성이 더욱 부각되고 있다. AI 기술이 검색, 번역, 의료 분석, 금융 모델링 등 다양한 분야에서 실질적인 비즈니스 모델로 자리 잡으며, 이를 보호하기 위한 지적 재산(IP, Intellectual Property) 전략이 필수적인 요소가 되었다.

오픈AI는 초기에는 오픈 소스를 지향하는 연구 기관의 성격을 가지고 있었으나, 2023년 이후 적극적으로 특허를 확보하는 전략으로 기업 전략을 전환하면서 AI 특허 경쟁의 중심에 서게 되었다. 이러한 변화는 단순한 기업 전략 변경이 아니라, AI 기술이 연구 개발 중심에서 실제 시장 적용과 상업적 활용 단계로 전환되고 있음을 시사한다.

AI 특허와 소프트웨어 특허의 관계

AI 특허는 소프트웨어 특허의 일종으로 볼 수 있다. 소프트웨어 특허는 컴퓨터 프로그램 또는 프로세서를 이용하여 운영되는 기술을 보호하는 특허로, AI 기술 또한 컴퓨터 프로그램을 통해 구현되기 때문에 소프트웨어 특허의 범주에 속한다.

과거에는 소프트웨어가 특허 보호 대상이 아니었으며, 저작권으로만 보호되었다. 하지만 소프트웨어 저작권은 보호 범위가 제한적이며, 저작권 침해를 입증하는 것이 쉽지 않았다. 이에 따라, 컴퓨터 프로그램을 특허로 보호해야 한다는 필요성이 대두되었고, 결국 소프트웨어도 특허로 보호받을 수 있게 되었다.

AI 기술도 마찬가지로, 특허 보호를 통해 무단 도용을 방지하고 기술적 혁신을 촉진할 수 있다. 특히, 미국과 유럽에서 AI 관련 특허 출원이 급증하고 있으며, 글로벌 기업들은 AI 기술을 보호하기 위해 대규모 특허 포트폴리오를 구축하고 있다.

AI 특허를 확보해야 하는 이유

AI 특허의 가치는 단순한 기술 보호에 그치지 않는다. 기업들은 특허를 통해 경쟁사를 견제하고, 기술적 우위를 확보하며, 투자 유치가 용이해진다.

특허 분쟁이 가장 활발한 미국을 기준으로 보면, 전체 특허 분쟁의 절반 이상이 소프트웨어 특허와 관련되어 있으며, 최근에는 소프트웨어 특허 침해에 대한 거액의 배상 판결도 나오고 있다. 이러한 점을 고려하면, AI 특허를 단순히 무의미한 것으로 치부할 수 없다.

또한, 구글, 메타(구 페이스북), 마이크로소프트와 같은 글로벌 기업들은 AI 특허를 적극적으로 확보하고 있다. 이들은 AI 기술을 독점적으로 활용하기 위해 특허 포트폴리오를 구축하고 있으며, 이는 AI 기술 시장에서의 경쟁력을 높이는 중요한 전략이 되고 있다. 따라서, AI 기술을 개발하는 기업들은 특허 전략을 신중하게 설계하고, 효과적인 특허 포트폴리오를 구축하는 것이 필수적이다.

글로벌 AI 특허 동향

AI 기술이 본격적으로 상업화되면서 AI 특허 출원도 급격히 증가하고 있다. 세계 지식 재산 기구(WIPO)의 보고서에 따르면, AI 관련 특허 출원 건수는 2010년 이후 급격히 증가하였으며, 특히 2016년 이후 연평균 30% 이상의 증가율을 기록하고 있다. 이러한 특허 출원의 증가는 AI 기술이 연구 중심에서 상업적 응용 중심으로 변화하고 있음을 시사한다.

국가별로 살펴보면, AI 특허는 미국과 중국이 가장 적극적으로 출원하고 있으며, 유럽과 일본 또한 AI 특허 정책을 강화하고 있다. 미국은 AI 특허 출원에서 여전히 선두를 유지하고 있으며, 유럽은 엄격한 특허 심사 기준을 적용하면서도 AI 기술 보호를 위한 정책을 지속적으로 개발하고 있다. 중국은 AI 특허 출원에서 급격한 증가세를 보이며, 정부 주도의 AI 기술 개발과 함께 특허 전략을 강화하고 있다. 한국 역시 AI 특허 출원이 지속적으로 증가하는 추세이며, 정부 차원의 지원과 연구 개발 투자가 확대되고 있다.

기업별 AI 특허 확보 현황을 살펴보면, 구글, 마이크로소프트, IBM, 아마존, 메타 등 빅 테크 기업들이 AI 특허 포트폴리오를 적극적으로 확장하고 있다. 이들은 AI 관련 핵심 기술을 특허로 보호함으로써 기술적 우위를 점하고, 경쟁사를 견제하는 전략을 펼치고 있다. 또한, AI 스타트업들도 특허 확보를 통해 기업 가치를 높이고 투자 유치를 용이하게 하고 있다. AI 특허는 이제 단순한 기술 보호를 넘어, 기업의 성장 전략과 시장 경쟁력을 결정하는 중요한 요소가 되고 있다.

인공지능 특허 확보 가능 분야

AI 모델을 개발하고 활용하는 과정의 여러 단계에서 특허를 확보할 수 있다. 가장 기본적으로, AI 특허는 학습(training) 단계와 추론(inference) 단계로 구분될 수 있다.

학습 단계에서는 AI 모델을 학습시키는 과정에서 다양한 기술적 차별점이 발생한다. 예를 들어, 데이터를 수집하고 정제하는 데이터 전처리 기술, AI 모델의 하이퍼파라미터 최적화 기법, AI 학습 속도를 향상하는 방법, 대규모 데이터에서 효과적으로 학습을 수행하는 알고리즘 등이 모두 기술적 차별점이 발생하는 내용이며, 이들이 모두 특허의 대상이 될 수 있다.

추론 단계에서는 학습이 완료된 AI 모델을 실제 서비스에 적용하는 과정에서 발생하는 기술을 특허로 보호할 수 있다. 예를 들어, 실시간 데이터 분석을 위한 AI 최적화 기술, 특정 환경에서의 AI 모델 적용 방법, AI의 결과 해석 및 보정 기술 등이 해당한다. 또한, AI 시스템을 기존 산업에 통합하는 과정에서 발생하는 기술적 차별점도 특허로 보호될 수 있다.

특히, AI 기술은 다양한 응용 분야에서 활용되며, 분야별로 특허 확보 전략이 달라질 수 있다. 음성 인식, 이미지 처리, 자연어 처리, 자율 주행, 의료 AI 등 특정 산업에 특화된 AI 기술도 특허 보호의 대상이 될 수 있으며, 이러한 특허들은 AI 기반 제품과 서비스의 차별성을 확보하는 데 중요한 역할을 한다. AI 특허를 확보할 때는 기술이 적용되는 단계와 영역을 명확히 구분하여 특허 명세서를 작성하는 것이 중요하며, 이를 통해 보다 강력한 특허 포트폴리오를 구축할 수 있다.

이 책의 구성

이 책은 AI 특허 전략을 체계적으로 정리하여, 기업과 연구자들이 효과적으로 AI 특허를 확보하고 활용할 수 있도록 돕는 것을 목표로 한다.

1장에서는 오픈AI의 특허 전략 변화에 초점을 맞춘다. 초기 오픈 소스 중심 전략에서 특허 중심으로 전환한 배경과 구체적인 변화 양상을 분석하고, 이러한 전환이 AI 산업 전반에 미친 영향을 평가한다. 2장에서는 글로벌 AI 특허 경쟁 현황을 심층 분석하며, 미국과 중국을 중심으로 주요 국가 및 기업 간의 기술 경쟁 구도를 살펴본다.

3장에서는 AI 특허의 최신 트렌드를 다루며, 생성형 AI, 데이터 보안 및 개인 정보 보호와 같은 부가 기술 영역에서의 특허 출원 증가 현상을 분석한다. 4장에서는 오픈AI가 출원한 AI 관련 핵심 특허를 심층적으로 분석한다. 5장에서는 AI 기술을 둘러싼 실제 주요 분쟁 사례를 소개하고, AI 특허 소송에서 쟁점이 되는 법적 이슈를 심층적으로 다룬다.

6장에서는 오픈 소스와 특허 보호 사이에서의 균형 전략을 분석하며, 기업들이 기술 개방과 특허 보호를 어떻게 효과적으로 결합하여 활용할 수 있는지 구글, 메타 등 주요 기업의 사례를 중심으로 논의한다. 7장에서는 AI 스타트업이 효과적으로 특허를 활용할 수 있는 전략을 제시하며, 스타트업의 특허 포트폴리오 구축 방안을 탐색한다. 8장에서는 AI 특허와 관련된 글로벌 규제 환경을 분석하고, 미국, 유럽, 중국 등의 AI 규제 정책을 비교하여 기업들이 글로벌 시장 진출 시 참고해야 할 특허 전략과 규제 대응 방안을 논의한다.

9장에서는 구글, 마이크로소프트, 메타, 아마존 등 글로벌 빅 테크 기업들의 AI 특허 전략을 비교 분석하고, 각 기업이 특허를 활용하는 방식의 차이를 구체적인 기술 사례를 통해 명확히 설명한다. 마지막으로 10장에서는 미래 AI 기술 변화에 따른 특허 전략의 방향성을 전망한다.

이 책은 AI 특허를 고민하는 변리사, 기업의 IP 담당자, 연구 개발자, 그리고 AI 산업 종사자들에게 실질적인 인사이트를 제공하는 가이드가 될 것이다. AI 기술이 산업 전반에 확산하는 과정에서 특허 전략을 어떻게 수립하느냐에 따라 기업의 경쟁력이 크게 달라질 수 있으며, AI 특허 포트폴리오를 어떻게 구축하고 활용할 것인지가 기업의 장기적인 성장과 직결될 수 있다. 이 책을 통해 독자들이 AI 특허의 개념과 전략을 깊이 이해할 수 있길 바란다. 아울러 실무에 적용할 수 있는 실질적인 가이드가 되길 기대한다.

참고문헌

한국산업기술진흥원(2024.8). 글로벌 생성형 AI 특허 현황.

특허청(2024.4.12). 인공지능 발명의 특허요건과 기재요건. https://www.kipo.go.kr/ko/kpoContentView.do?menuCd=SCD0201244

01
오픈AI의 특허 전략의 변화

오픈AI는 초기에는 인공지능 기술을 오픈 소스 방식으로 공유했으나, 기술의 상업화 및 시장 경쟁이 치열해지면서 특허 중심 전략으로 전환했다. 이러한 변화는 인공지능 기술 보호의 중요성이 증가했기 때문이다. 2023년 이후, 오픈AI는 주요 기술에 대한 전략적 특허 확보를 통해 경쟁 우위를 강화했고, 이는 AI 산업 전반에서 기술 보호와 개방 간 균형점에 관한 논의를 촉진했다. 특히 AI 특허 출원이 급증하는 등 산업에 큰 영향을 미쳤다.

AI와 1인 창업?

오픈AI의 초기 특허 전략

오픈AI는 본래 인공지능 연구의 성과를 전 세계적으로 공유하고 확산시키기 위해 설립된 비영리 연구 기관이었다. 설립 초기 오픈AI는 연구 성과를 오픈 소스 방식으로 공개하면서, 기술을 독점하기보다는 글로벌 연구 커뮤니티 전체가 자유롭게 기술 내용에 접근하고 기술을 발전시킬 수 있도록 지원했다. 이는 인공지능 기술이 소수의 기업이나 국가에 집중되는 것을 막고, 다양한 분야에서 공평하게 활용될 수 있도록 하기 위한 오픈AI의 철학이었다.

이와 같은 오픈 소스 기반의 전략은 인공지능 생태계의 빠른 확산과 기술의 폭발적 성장을 이끄는 데 큰 역할을 했다. 실제로 오픈AI가 공개한 GPT 시리즈 모델은 연구 기관과 기업들에게 큰 영향을 미쳤으며, 많은 기업들이 이를 기반으로 다양한 혁신적 서비스와 기술 개발을 추진했다. 이 과정에서 AI 기술의 저변이 확대되었고, 오픈 소스 커뮤니티를 중심으로 글로벌 협력 체제가 형성되기도 했다. 초기 오픈AI의 접근법은 기술 공유의 가치를 강조하고, 기술 발전이 특정 기업의 독점이 아닌 공동의 발전이어야 한다는 사회적 가치를 실천하는 데 초점이 맞춰져 있었다.

그러나 시간이 지날수록 기술이 본격적으로 상업화되면서 오픈AI의 전략에도 변화가 불가피해졌다. AI 기술의 경제적 가치가 급격히 증가함에 따라 기업 간 경쟁이 치열해지고, 동시에 기술 보호의 중요성이 강조되었다.

오픈AI가 특허 중심의 전략으로 기업 전략을 전환한 주요 이유는 AI 기술의 급격한 상업화와 그에 따른 경쟁 환경의 변화 때문이다. 초기의 AI 기술이 연구 및 실험 단계에 머물러 있었을 때는 기술 보호에 대한 필요성이 상대적으로 낮았다. 하지만 최근 인공지능 기술이 산업 전반에 걸쳐 실제 상업적으로 응용되면서 기술 보호가 경쟁 우위를 확보하는 데 필수적이라는 인식이 확대되었다.

특히 생성형 AI 기술의 등장은 콘텐츠 제작, 의료 진단, 금융 분석, 자율 주행과 같은 광범위한 산업 영역에서 큰 파급력을 일으켰다. 이에 따라 오픈AI는 자사의 기술 우위를 유지하기 위해 주요 기술에 대한 전략적 특허 확보를 추진하게 되었다. 이는 기업 경쟁력을 보호하고 시장 선점 효과를 유지하기 위한 필수적인 조치로 평가된다.

또한 오픈AI는 비영리 조직에서 벗어나 마이크로소프트 등의 대기업으로부터 대규모 투자를 유치하면서, 기업의 수익성을 보장하고 기술적 자산을 보호하는 것이 중요한 과제로 떠올랐다. 이러한 자본 유입은 오픈AI의 구조적 변화를 촉진했고, 기업의 경영진은 장기적인 경쟁력 확보와 수익성 증대를 위한 전략으로 특허 포트폴리오 구축의 필요성을 느끼게 되어 기업 전략을 변경했을 것이다.

특허 중심 전략으로 전환한 배경

오픈AI가 특허 중심의 전략으로 전환한 가장 큰 이유는 AI 기술의 급격한 상업화에 따른 경쟁 환경의 변화 때문이라고 평가된다. 초기의 AI 기술이 연구 및 실험 단계에 머물러 있었을 때는 기술 보호에 대한 필요성이 상대적으로 적었다. 그러나 최근 몇 년 동안 인공지능이 산업 전반에 걸쳐 실질적으로 적용되고, 기업들이 경쟁적으로 새로운 시장을 형성하면서, 기술 보호가 기업 경쟁력과 직결되기 시작했다.

특히 생성형 AI 기술의 발전과 함께, AI 기술이 콘텐츠 제작, 의료 진단, 금융 분석, 자율 주행 등 매우 다양한 산업 분야에서 구체적인 상업적 응용 사례를 만들어 내면서, 기술을 보호하지 않을 경우 시장 선점 효과를 잃을 수 있다는 위기감이 확산되었을 것이다. 이에 오픈AI는 전략적으로 특허를 출원하여 자사의 기술적 우위를 유지하고, 경쟁사의 기술 침해 가능성을 사전에 차단하고자 한 것으로 분석된다.

또한, 오픈AI가 기존의 비영리 구조에서 벗어나 영리기업으로 변모하는 과정에서 기술 보호와 수익성 확보가 중요한 경영 과제로 떠올랐을 것이다. 초기 비영리 조직으로 출범했던 오픈AI는 이후 마이크로소프트를 비롯한 여러 기업의 대규모 투자를 받으면서 영리적인 사업구조를 갖추게 되었고, 그 과정에서 기술적 자산을 보호하고 수익성을 극대화하기 위한 전략적 선택으로 특허확보의 중요성이 높아졌을 것이다. 이렇게 오픈AI가 전략적으로 특허를 확보한 것으로 보인다.

오픈AI 전략 전환의 구체적인 변화

오픈AI는 2023년을 기점으로 본격적으로 특허 확보를 전략적으로 수행하였다. 이들은 기존의 연구 성과 공개 방식을 유지하면서도, 핵심적인 기술 요소에 대해 전략적으로 특허를 출원하기 시작했다. 예를 들어, 자연어처리 모델, 멀티모달 인공지능, 고해상도 이미지 생성, 음성 인식, 코드 자동화 등과 같은 핵심 기술 분야에서 주요 특허를 출원하여, 향후 경쟁 기업들이 오픈AI의 기술을 쉽게 복제하거나 상업적으로 이용하는 것을 제한하기 시작했다.

특허 확보 과정에서 오픈AI는 단순히 기술을 보호하는 것에 그치지 않고, 해당 특허를 활용하여 다른 기업과의 협상력을 높이고 전략적인 파트너십을 구축하는 데도 적극 활용하고 있다. 즉, 오픈AI의 특허 전략은 기술 보호와 더불어 시장에서의 협상력과 영향력 확대라는 전략적 의도가 명확히 담겨 있다.

오픈AI 특허 전략 변화의 산업적 의미

오픈AI의 특허 전략 변화는 AI 산업 전반에 큰 영향을 미쳤다. 특히 과거에 기술을 자유롭게 공유하던 관행에서 벗어나, 기술을 특허로 보호하고 독점하는 방식으로 전환된 것은 산업 전체의 분위기를 크게 바꾸었다. 오픈AI와 같은 영향력 있는 기업이 기술 보호에 적극적으로 나서면서, 다른 기업들도 덩달아 기술 보호 전략을 강화하는 현상이 나타났다. 이는 결과적으로 AI 특허 출원의 급격한 증가를 가져왔다.

세계 지식 재산 기구(WIPO)의 2023년 보고서에 따르면, 생성형 AI 분야의 특허 출원은 최근 몇 년간 폭발적으로 증가하였으며, 특히 오픈AI, 구글, 마이크로소프트와 같은 주요 글로벌 기업들이 주도하는 현상이 두드러졌다. 이 기업들은 각각의 특허 포트폴리오를 구축하여 AI 기술의 독점적 활용권을 확보하려는 경쟁을 벌이고 있으며, 이는 AI 산업 전반의 경쟁 강도를 한층 높이고 있다.

이러한 흐름 속에서 기존의 오픈 소스와 특허 전략 사이의 균형을 어떻게 유지할 것인지에 대한 기업들의 고민도 깊어졌다. 즉, 인공지능 기술 발전을 위해 공유와 협력이 필요하지만, 동시에 기업의 생존과 경쟁력 확보를 위해 기술 보호가 필수적이라는 모순된 상황이 생겨나고 있다. 오픈AI의 특허 전략 변화는 바로 이러한 고민을 산업 전체에 던지며, 향후 AI 산업에서의 기술 보호와 개방성 사이의 균형을 찾는 새로운 전략적 논의를 촉진하고 있다.

결론적으로, 오픈AI의 특허 전략 변화는 단순히 하나의 기업이 전략을 수정한 것에 그치지 않고, AI 산업 전반에 걸친 기술 보호 방식의 전환을 이끌었다는 점에서 중요한 의미가 있다. 앞으로 AI 산업의 특허 전략은 개방과 보호라는 상반된 가치 사이에서 균형을 찾아가는 방향으로 진화할 것으로 예상된다. 오픈AI가 보여 준 사례는 기업들이 기술 보호와 협력 전략을 수립할 때 반드시 참고해야 할 중요한 사례가 될 것이다.

참고문헌

주상돈(2024.7.6). '생성형 AI' 분야, 글로벌 특허 강자는?.. WIPO 보고서, ≪IPDaily≫, https://www.ipdaily.co.kr/?p=33186

02
글로벌 AI 특허 경쟁의 심화

글로벌 AI 특허 경쟁이 급속히 심화되고 있다. 최근 미국과 중국을 중심으로 인공지능 특허 출원이 급증하면서 국가 및 기업 간 기술 경쟁이 본격화되었다. 특히 생성형 AI 등 핵심 기술 영역에서 특허 확보를 위한 경쟁이 치열하며, 한국과 일본, 유럽 등도 질적 경쟁력을 높이며 대응하고 있다. AI 특허는 앞으로 기업과 국가 경쟁력의 핵심 요소로 자리 잡으면서 기술 보호와 개방 전략의 균형을 찾는 과제를 던지고 있다.

AI와 MBTI?

AI 특허 출원의 급속한 증가

최근 글로벌 차원에서 인공지능 관련 특허 출원이 폭발적으로 증가하고 있다. 특허청의 보고서인 ≪인공지능과 첨단기술 출원 동향≫(2024)에 따르면, 지난 10년간 전 세계적으로 AI 기술에 대한 특허 출원이 기록적인 증가세를 보이며 글로벌 혁신 생태계를 근본적으로 변화시키고 있다. 특히 미국과 중국이 AI 특허 출원의 선두 국가로 자리 잡으면서 치열한 경쟁 구도를 형성하고 있다. 미국은 전통적으로 AI 분야에서 선도적인 위치를 차지해 왔으나, 최근 중국의 급격한 성장으로 인해 양국 간 경쟁이 더욱 심화하는 상황이다.

중국은 지난 2010년대 초반부터 정부 차원의 강력한 지원 정책과 막대한 투자로 AI 분야에 집중하며 빠르게 기술력을 축적하였다. 그 결과 중국은 현재 AI 특허 출원 수에서 세계 1위를 차지하며 기술적 우위를 과시하고 있다. 특히 바이두, 알리바바, 텐센트 등 중국의 대표적인 IT 기업들이 정부의 지원을 받아 대규모 특허 포트폴리오를 구축하며 글로벌 시장에서 강력한 경쟁력을 확보하고 있다.

한편, 미국은 구글, 마이크로소프트, IBM 등 글로벌 IT 기업들이 막대한 자금을 연구 개발에 투자하여 AI 핵심 기술을 선점하고 있으며, 전략적 특허 확보를 통해 기술적 주도권을 유지하고자 노력하고 있다. 미국 기업들은 특히 기초 연구와 고급 인력을 바탕으로 AI 핵심 기술 분야에서 고품질의 전략적 특허를 확보하고 있어 질적 측면에서 여전히 우위를 유지하고 있다.

미국과 중국 외에도 일본과 한국, 유럽 연합(EU) 국가들이 AI 특허 경쟁에 적극적으로 참여하면서 글로벌 경쟁 구도는 더욱 복잡해지고 있다. 일본은 전통적으로 로봇 공학과 자동화 기술 분야에서 강점을 보유하고 있으며, 이를 AI와 융합하여 특허 경쟁력을 높이고 있다. 소니, 토요타와 같은 일본의 대기업들은 지속적인 연구 개발을 통해 AI 특허 확보에 집중하며 글로벌 시장에서 영향력을 확대하고 있다.

한국 또한 삼성전자, LG전자, SK텔레콤 등 주요 기업들이 AI 분야에서 활발히 특허 출원을 진행하며 글로벌 AI 기술 경쟁에 뛰어들고 있다. 한국은 양적 측면에서 중국과 미국에 비해 상대적으로 부족하지만, AI 특허의 질적 경쟁력 향상을 중심으로 전략적 접근을 취하고 있다. 특히 AI를 반도체, 통신 기술 등 한국이 강점을 지닌 분야와 융합하여 독자적이고 차별화된 기술력을 확보하는 데 중점을 두고 있다.

AI 특허의 급격한 증가는 기술의 상업적 활용 가능성과 직결된다. 특히 AI 기술이 경제적, 사회적으로 다양한 산업에 적용되면서 시장 선점을 위한 글로벌 기업 간의 기술 경쟁이 본격화되고 있다. 이러한 흐름에서 국가와 기업은 기술력을 보호하고 강화하기 위해 적극적인 특허 확보 전략을 펼치고 있다. 각국 정부도 인공지능을 국가적 전략 산업으로 지정하고 특허 출원을 장려하고 있다.

AI 특허의 주요 특징 중 하나는 기술의 다양성이다. AI 기술은 더 이상 특정 산업이나 분야에 국한되지 않고 학습 및 추론, 언어 지능, 음성 및 청각 지능, 시각 지능, 복합 지능 등 다양한 세부 분야로 세분화되어 있다. 예를 들어, 자연어 처리(NLP) 기술은 음성 인식 서비스나 자동 번역, 챗봇과 같은 다양한 응용 분야에서 활용되며 특허 출원이 집중적으로 이루어지고 있다. 또한, 이미지 및 영상 인식 분야에서도 의료 영상 분석, 자율 주행 자동차, 보안 시스템 등의 분야에서 적극적인 특허 출원이 이루어지고 있다.

AI 특허 경쟁을 통한 국가 경쟁력 분석

한국 전자 통신 연구원(ETRI)의 보고서 ≪특허 활동 관점에서 바라본 인공지능 국가 경쟁력 및 시사점≫에서는 특허 활동을 중심으로 AI 분야의 국가 경쟁력을 비교 분석하였다. 보고서에 따르면, AI 특허의 양적 측면에서는 중국과 미국이 압도적인 우위를 보이고 있으며, 한국과 일본, 유럽 등도 AI 특허의 질적 경쟁력을 꾸준히 향상시키고 있는 것으로 나타났다. 특히 한국의 경우 삼성전자, LG전자 등 대기업 중심으로 AI 관련 특허 출원이 급속도로 증가하고 있으며, 특허의 질적 수준 역시 지속적으로 향상되고 있다고 평가된다.

AI 특허 확보 경쟁이 심화하면서 국가 간 경쟁뿐 아니라 기업 간 경쟁 역시 한층 더 격화되고 있다. 보고서에서는 이러한 글로벌 특허 경쟁에서 살아남기 위해서는 단순히 특허 출원의 양을 늘리는 것보다 전략적이고 질적으로 우수한 특허 확보가 중요하다고 강조하였다. 즉, 핵심 기술을 보호하고 글로벌 시장에서 실질적인 영향력을 행사할 수 있는 고품질의 전략적 특허 포트폴리오 구축이 필수적이라는 점을 지적하고 있다.

글로벌 AI 특허 경쟁의 향후 전망

향후 글로벌 AI 특허 경쟁은 더욱 심화할 것으로 전망된다. 생성형 AI, 특히 챗GPT와 같은 대화형 인공지능 기술의 급격한 발전은 다양한 산업 전반에서 AI의 상용화를 더욱 촉진하고 있으며, 이는 기업 간 특허 출원 경쟁을 가속화하는 주요 원인이 되고 있다. 실제로 최근 몇 년간 생성형 AI를 활용한 서비스가 금융, 의료, 제조업 등 다양한 분야에서 빠르게 도입되면서 기업들이 관련 핵심 기술의 특허 선점을 위한 적극적인 전략을 펼치고 있다.

특히 AI 기술에 대한 특허 확보는 앞으로 기업의 생존과 직결되는 핵심 경쟁 요소로 자리 잡을 전망이다. 구글, 마이크로소프트, 애플 등 글로벌 빅 테크 기업들은 이미 생성형 AI 분야를 중심으로 많은 특허를 출원하거나 확보하고 있으며, 이러한 흐름은 점점 더 가속화될 것으로 보인다. 이와 함께 스타트업들도 독창적인 AI 기술 개발을 통해 특허를 확보하고 기술 보호에 나서며 글로벌 시장에서의 경쟁력을 키우고 있다. 이는 중소기업과 대기업 간에도 특허 기반의 전략적 제휴와 협력이 증가하는 새로운 산업 생태계를 형성하는 계기가 되고 있다.

또한, 글로벌 AI 특허 경쟁은 국가 간 기술 패권 경쟁으로도 확장되고 있다. 미국과 중국을 비롯한 주요 국가들은 이미 AI 분야에서 막대한 투자를 집행하고 있으며, 특허 출원과 보호를 국가 차원의 전략 목표로 설정하여 기술 주도권 확보를 위해 총력을 기울이고 있다. 한국 정부 역시 AI 기술 경쟁력 강화를 주요 국가적 전략으로 선정하고 있으며, 정부 차원에서의 연구 개발 지원과 특허 출원 촉진 프로그램, 기술 보호 제도 마련 등을 통해 국가적 AI 특허 역량 강화에 박차를 가하고 있다. 특히 한국은 AI 반도체, 생성형 AI 플랫폼 등에서 세계적인 경쟁력을 갖추기 위해 정책적 지원을 확대하고 있으며, 민관 협력 및 산학연 연계를 통해 특허 기반의 혁신 생태계를 구축하고자 한다.

이러한 상황에서 기업과 국가는 기술 보호와 개방성 간의 전략적 균형을 유지해야 하는 중요한 과제에 직면하고 있다. 독점적 특허 확보를 통한 기술 보호는 기업의 시장 경쟁력을 지키는 데 필수적이지만, AI 산업의 특성상 기술 생태계 활성화를 위한 일정 수준의 개방성도 불가피한 현실이다. 따라서 기업들은 자사 핵심 기술은 철저히 보호하면서도 산업 발전과 생태계 확장을 위한 전략적 개방성을 유지하는 투 트랙 전략을 구사할 필요가 있다. 예컨대 AI 기술 표준화 과정에 적극 참여하거나, 일부 기술을 오픈 소스로 공개하여 시장 주도권 확보를 위한 생태계 형성을 도모하는 방식이 그 예가 될 수 있다.

결국 글로벌 AI 특허 경쟁의 심화는 단순한 양적 증가를 넘어 질적으로 더욱 정교한 전략적 접근이 요구되는 시대를 의미한다. 기업과 국가 모두 AI 기술 확보를 위한 경쟁에서 뒤처지지 않으려면, 특허 포트폴리오를 전략적으로 구축하고 관리하며 기술 보호와 개방성의 균형을 면밀히 조정하는 전략적 사고가 요구된다. 또한 국제적 협력과 분쟁 관리 능력을 동시에 강화하여 글로벌 시장에서의 경쟁력을 더욱 견고히 다지는 것도 필수적인 과제가 될 것이다.

앞으로 AI 특허 경쟁에서 성공하기 위해서는 기술 개발과 함께 특허 출원 전략의 중요성을 인식하고 이에 대한 투자를 확대할 필요가 있다. 특히 AI 기술 특허의 확보는 단순히 법적 보호를 넘어 시장 진입 장벽으로서 기능하며, 기술 협상이나 전략적 파트너십 체결에서도 결정적인 레버리지로 작용할 수 있다. 따라서 향후 글로벌 AI 시장에서 우위를 확보하기 위해서는 특허 전략의 고도화와 함께 산업 전반의 협력과 공존을 지향하는 생태계 기반 접근 방식이 절실히 요구된다.

참고문헌

정선화(2019.12.10). 특허 활동 관점에서 바라본 인공지능 국가 경쟁력 및 시사점. ≪Insight Report≫ 34호, ETRI, https://ksp.etri.re.kr/ksp/plan-report/file/730.pdf
특허청(2024.8.2). 4차 산업혁명 기술 분야 특허 통계. https://www.kipo.go.kr/ko/kpoBultnDetail.do?menuCd=SCD0200640&ntatcSeq=16916&sysCd=SCD02&aprchId=BUT0000048

03
AI 특허 트렌드와 기술 보호

AI 기술의 급속한 발전과 함께 생성형 AI, 자연어 처리 등 분야에서 특허 출원이 급증하고 있다. 이는 기술 상업화로 인한 기업 간 경쟁 심화와 기술 보호 필요성 때문이다. 특히 글로벌 기업들은 핵심 기술뿐 아니라 데이터 보안, 개인 정보 보호 등 부가 기술에도 전략적으로 특허 포트폴리오를 구축하고 있다. 기술 보호와 개방성 간의 균형을 유지하는 전략이 앞으로 AI 산업에서 기업과 국가 경쟁력 확보의 핵심 과제로 부상하고 있다.

AI와 난임 극복?

AI 특허 출원 트렌드의 변화

최근 인공지능 기술은 급격히 발전하며 다양한 산업 분야에서 빠르게 확산되고 있다. 특히 산업 현장에서 AI 기술의 상업적 활용이 본격화됨에 따라, 기술 보호 및 시장 선점을 위한 특허 출원 활동이 가속화되는 추세다. 특허청의 보고서인 ≪인공지능과 첨단 기술 출원 동향≫(2024)에 따르면, 최근 5년 사이 국내외에서 AI 관련 특허 출원 수가 폭발적으로 증가하였다. 이는 AI 기술이 기업과 국가의 경쟁력을 좌우하는 핵심 자산으로 인식되기 시작했기 때문이다.

특히 생성형 AI, 자연어 처리(NLP), 컴퓨터 비전 등 실생활과 밀접한 분야에서의 특허 출원이 두드러지게 나타나고 있다. 이러한 분야는 소비자 및 산업 현장에서 즉각 응용이 가능하고, 이를 통해 높은 경제적 가치를 창출할 수 있는 기술로 평가받고 있다. 기업들은 이러한 AI 기술을 통해 제품 및 서비스 혁신을 이루고, 시장에서의 경쟁 우위를 확보할 수 있음을 인지하고 특허 출원을 적극적으로 추진하는 것이다.

또한 정보 통신 기획 평가원이 최근 발표한 ≪지식재산통계 FOCUS 23호≫ 보고서에서도 AI 특허의 글로벌 경쟁 상황을 심층적으로 분석하였다. 보고서에 따르면,

미국과 중국을 비롯한 주요 AI 선도 국가들이 AI 기술의 특허 포트폴리오 구축에 막대한 투자를 진행하고 있으며, 이로 인해 글로벌 시장에서의 기술 경쟁이 더욱 치열해지고 있다. 특히 미국은 구글, 마이크로소프트, 오픈AI 등 기술 선도 기업들이 적극적으로 AI 관련 특허를 확보하며 기술적 우위를 유지하고 있다. 중국 역시 바이두, 알리바바 등 주요 기업들이 국가 차원의 전략적 지원을 받아 AI 기술 특허 확보에 나서고 있다.

한국 또한 글로벌 경쟁 환경에서 뒤처지지 않기 위해 AI 기술 특허 확보에 박차를 가하고 있다. 삼성전자, LG전자, 네이버, 카카오 등 국내 주요 기업들은 자체적인 기술 개발뿐만 아니라 해외 기업과의 협력과 특허 인수 등을 통해 AI 특허 포트폴리오 확대에 힘쓰고 있다. 정부 또한 AI 기술 경쟁력 강화를 위해 다양한 지원 정책을 추진하고 있으며, 국내 기업들이 글로벌 시장에서 특허 경쟁력을 확보할 수 있도록 지원하고 있다.

이러한 추세 속에서 향후 AI 기술과 관련한 특허 출원 및 특허 분쟁은 더욱 증가할 것으로 예상된다. 기업들은 AI 기술의 상업적 가치를 보호하고 경쟁에서 우위를 점하기 위해 전략적으로 특허를 출원하고 있으며, 이를 통해 글로벌 시장에서 지속 가능한 성장을 모색하고 있다.

앞으로도 AI 기술 특허의 중요성은 지속적으로 증가할 것이며, 기업들은 특허 전략을 보다 정교화하여 글로벌 경쟁력을 확보해 나갈 것으로 보인다.

AI 특허 출원 분야의 최근 특징

최근 AI 특허 출원에서 주목할 만한 특징은 생성형 AI 분야의 급속한 증가세다. 생성형 AI는 이미지, 텍스트, 음성 등 다양한 형태의 콘텐츠를 생성하는 기술로, 상업적 응용 가능성이 무궁무진하다. 이에 따라 특허 출원이 급증했으며, 특히 글로벌 기업들이 적극적으로 해당 분야에서 전략적 특허 확보 경쟁에 뛰어들고 있다. 예를 들어, 구글, 마이크로소프트, 텐센트, 바이두 등 글로벌 기업들은 각종 멀티모달 AI 모델과 콘텐츠 생성 알고리즘 등 핵심 기술에 대한 특허를 집중적으로 확보하여 시장에서 독점적 경쟁력을 확보하고자 하고 있다.

또 다른 특이점은 AI 특허가 단순히 알고리즘이나 모델 자체에만 집중되는 것이 아니라 데이터 처리 및 보안, 개인 정보 보호 등 기술 보호와 연계된 다양한 부가 기술 영역에서도 특허 출원이 이루어진다는 점이다. 데이터 보호 기술과 결합한 AI 특허는 기술 활용 과정에서 발생 가능한 윤리적, 법적 문제들을 사전에 차단하고 기업의 장기적 리스크 관리 측면에서도 전략적 가치가 있다.

AI 특허 확보를 위한 전략적 접근법

기업들이 AI 특허를 효과적으로 확보하기 위해서는 체계적이고 전략적인 접근법이 필수적이다. 최근 특허청과 정보 통신 기획 평가원의 자료를 종합적으로 분석한 결과, AI 분야의 특허 전략에서 가장 핵심적으로 고려해야 할 사항은 권리 범위를 명확하게 설정하는 것이다. 특히 AI 기술은 발전 속도가 빠르고 기술 간 융복합이 빈번하게 일어나기 때문에, 단순히 현재의 기술 상태만을 기준으로 출원을 진행하는 것은 미래의 기술 변화에 대비하기 어려울 수 있다. 따라서 미래의 발전 가능성과 기술의 진화 방향성을 예측하여 충분히 넓고 유연한 권리 범위를 확보하는 전략이 필요하다.

먼저, AI 기술의 주요 프로세스인 학습(트레이닝) 단계와 추론(인퍼런스) 단계를 명확히 구분하여 단계별로 전문화된 특허 포트폴리오를 구축하는 것이 중요하다. 학습 단계에서는 데이터의 수집, 데이터 전처리 및 정제 기술, 학습 알고리즘의 최적화, 학습 효율성 향상 기술 등으로 세분화하여 개별적인 특허를 출원해야 한다. 또한 추론 단계에서는 모델의 성능 향상 및 경량화 기술,

실시간 추론 최적화 기술, 에지 컴퓨팅을 활용한 AI 기술 구현 등 다양한 요소별로 세부적인 특허 전략이 필요하다.

또한, 각 기술 영역 간 연관성을 고려하여 특허 간의 시너지를 극대화할 수 있는 포트폴리오 구축이 요구된다. 예를 들어, 데이터 처리 기술과 알고리즘 최적화 기술을 결합하거나, 모델 경량화 기술과 보안 및 개인 정보 보호 기술을 연결하는 방식으로 보다 강력하고 포괄적인 권리 보호망을 구축할 수 있다. 이는 특허 침해 가능성을 줄이고 경쟁사의 기술 진입을 효과적으로 차단할 수 있는 전략이 될 수 있다.

더 나아가 AI 기술 특성상 데이터가 기술의 핵심 자산으로 활용되는 만큼, 데이터 활용 방식에 관한 특허 전략도 별도로 수립해야 한다. 데이터 수집 방법, 데이터의 가공과 전송 방식, 데이터 저장 및 관리 기술뿐만 아니라 개인 정보 보호 및 보안 관련 기술에 대해서도 별도의 특허를 전략적으로 확보하여 데이터 자산에 대한 보호를 강화하는 것이 필요하다.

한편, 글로벌 경쟁 환경을 고려할 때 해외 출원 전략도 중요한 요소다. 글로벌 시장 진출 및 경쟁사의 국제적인 특허 장벽에 대응하기 위해 주요 국가를 선정하고 각 국가의 특허 제도와 특성을 반영하여 맞춤형 특허 전략을 수립해야 한다. 특히 미국, 유럽, 중국 등 주요 시장에서의 특허 확보 전략을 우선적으로 고려하여 글로벌 경쟁력을 확보하는 것이 중요하다.

마지막으로 특허 출원 이후의 지속적인 관리와 모니터링도 간과해서는 안 된다. 기술 변화와 시장 상황에 따라 기존 특허를 보완하거나 신규 특허를 출원하는 등 지속적인 관리가 필수적이다. 또한 경쟁사의 특허 동향을 지속적으로 분석하여 잠재적 침해 위험을 미리 파악하고 이에 대응할 수 있는 전략적 조치를 마련하는 것이 바람직하다.

기술 보호와 개방의 균형 유지

AI 기술 특허의 급격한 증가는 기업 간 기술 경쟁을 심화시킬 뿐만 아니라, 기술 보호와 개방성 간의 균형 문제를 제기한다. 특히 AI 기술은 협력을 통해 발전할 수 있는 생태계를 형성하는 것이 매우 중요하기 때문에, 특허를 통해 기술을 완전히 독점하는 것이 오히려 혁신을 저해할 수도 있다. 따라서 많은 기업이 특허 확보와 동시에 일부 핵심 기술 외의 부분에서는 전략적 개방을 통해 생태계를 확장하는 방식을 채택하고 있다.

특히, 최근 글로벌 AI 기업들은 특허 포트폴리오 구축을 통해 협상력을 높이고, 특정 기술을 전략적 제휴나 라이선스 협력의 수단으로 적극적으로 활용하고 있다. 이는 AI 기술이 급속도로 진화하면서 경쟁과 협력이 공존하는 독특한 시장 환경을 반영한 것이다. 기술 보호와 개방이라는 상반된 가치를 균형 있게 관리하는 것이 AI 시대에 성공적인 특허 전략의 핵심 과제로 부상하고 있다.

결론적으로, AI 특허 출원의 급증과 기술 보호 전략의 중요성이 강조됨에 따라 기업은 물론 국가 차원에서도 보다 정교한 전략적 접근법이 요구된다. 앞으로 AI 기술은 국가 경제의 핵심 경쟁력으로 자리 잡을 가능성이 크기 때문에, 기술 보호를 위한 특허 전략과 개방을 통한 생태계 구축 사이에서 최적의 균형을 찾는 것이 중요하다. 기업들은 앞으로 AI 특허 전략을 수립할 때 이러한 균형점을 명확히 고려하여, 기술 경쟁에서 지속 가능한 우위를 확보할 수 있도록 준비해야 할 것이다.

참고문헌

정선화(2019.12.10). 특허 활동 관점에서 바라본 인공지능 국가 경쟁력 및 시사점. ≪Insight Report≫ 34호, ETRI, https://ksp.etri.re.kr/ksp/plan-report/file/730.pdf

특허청(2024.8.2). 4차 산업혁명 기술 분야 특허 통계.

https://www.kipo.go.kr/ko/kpoBultnDetail.do?menuCd=SCD0200640&ntatcSeq=16916&sysCd=SCD02&aprchId=BUT0000048

특허청(2024.3.31). ≪지식재산통계 FOCUS≫ 23호, https://www.kipo.go.kr/ko/kpoBultnDetail.do?menuCd=SCD0200640&ntatcSeq=16890&sysCd=SCD02&aprchId=BUT0000048

04
오픈AI의 주요 특허와 핵심 기술

오픈AI는 생성형 AI 분야의 대표 기업으로 GPT 시리즈의 자연어 처리, 멀티모달 AI(DALL · E), 음성 인식(Whisper) 등 핵심 기술 특허를 전략적으로 확보하고 있다. 초기의 오픈 소스 중심에서 전략적 특허 출원으로 방향을 전환하여, 경쟁사의 기술적 접근을 제한하는 한편, 적극적인 기술 라이선싱을 통해 협력 생태계를 확장하고 있다. 이를 통해 시장 지배력을 강화하고 AI 기술 표준화 및 규격화를 주도하는 전략적 목표를 추진하고 있다.

AI와 사주?

오픈AI의 특허 확보 현황과 전략적 특성

최근 오픈AI는 생성형 인공지능 분야에서 가장 주목받는 기업으로 떠오르면서 특허 확보에 적극적으로 나서고 있다. 초기의 오픈 소스 기반 연구에서 전략적 특허 출원으로 방향을 선회한 오픈AI는 자사의 핵심 기술을 보호하는 동시에 시장 내 독점적 지위를 공고히 하는 전략을 펼치고 있다. 특히 GPT 시리즈 모델을 포함하여 자연어 처리(NLP), 멀티모달 인공지능, 컴퓨터 비전 및 음성 인식 등 다양한 핵심 기술 분야에서 특허를 출원하고 있다.

오픈AI는 주요 기술의 특허 확보를 통해 경쟁사들의 기술적 접근을 제한하고 있으며, 이를 통해 시장 경쟁력을 확보하는 전략적 선택을 하고 있다. 특히 GPT-4 및 GPT-4.5 등 최신 모델의 고급 언어 처리 기술, 학습 효율성 개선 방법, 알고리즘 최적화 기술 등을 중심으로 강력한 특허 포트폴리오를 구축 중이다. 이는 단순한 기술 보호를 넘어서 향후 특허를 활용한 라이선스 협력과 시장 내 기술 표준 주도라는 전략적 목표까지 내포하고 있는 것으로 보인다.

또한, 오픈AI는 인공지능 모델의 성능 향상을 위한 데이터 전처리 기술, 대규모 데이터 셋 구축 방법, 학습 데이터의 효율적 활용 기술 등 데이터 관련 기술에 대한 특허 출원에도 적극적이다. 이러한 데이터 중심의 특허 확보 전략은 장기적으로 안정적이고 효과적인 기술 발전과 함께 데이터 접근성이라는 중요한 경쟁 우위를 확보하기 위함이다.

그뿐만 아니라 오픈AI는 특허 포트폴리오 구축과 동시에 타 기업과의 협력 및 제휴를 통해 특허를 전략적으로 활용하고 있다. 이는 라이선싱 모델 구축, 기술 공유를 통한 공동 개발, 그리고 시장 진입 장벽 형성을 목표로 하고 있다. 최근 오픈AI의 마이크로소프트와 같은 거대 기술 기업들과의 전략적 제휴는 자사의 특허 포트폴리오를 기반으로 한 시장 지배력을 더욱 강화하고 있다.

주요 특허 출원 기술 및 특징

오픈AI가 보유한 특허는 주로 GPT 모델 및 관련 AI 기술에 집중되어 있다. 대표적으로 GPT 시리즈의 자연어 생성 및 응용 기술 특허는 고도로 복잡한 언어 처리 알고리즘과 이를 활용한 다양한 응용 기술을 포함한다. 또한, 오픈AI는 단순한 텍스트 생성 기능을 넘어 대화형 AI 챗봇, 자동 코드 생성, 콘텐츠 요약, 번역, 감정 분석 등 다양한 상업적 응용 가능성을 포괄하는 광범위한 특허를 확보하고 있다.

이 밖에도 오픈AI는 이미지 생성과 처리 관련 기술에도 적극적으로 특허를 출원하고 있다. 대표적인 예로는 이미지 생성 모델인 달리(DALL · E)와 달리 3(DALL · E 3)의 핵심 알고리즘 및 응용 기술 관련 특허가 있다. 이러한 기술은 사용자의 자연어 입력에 따라 창의적인 이미지를 생성하는 멀티모달 AI 모델로서, 오픈AI의 기술적 우위를 보여 주는 대표적인 사례다. 음성 인식 및 음성 합성 기술에서도 위스퍼(Whisper) 등 독자적 모델의 핵심 알고리즘과 이를 응용한 다양한 기술 특허가 포함되어 있다.

오픈AI 핵심 기술의 경쟁력 요소

오픈AI의 핵심 기술이 강력한 경쟁력을 갖는 이유는 기술적 혁신성뿐만 아니라 시장에서의 실용성과 응용 가능성 때문이다. 특히 GPT 시리즈의 자연어 처리 기술은 타사의 기술과 비교해 뛰어난 언어 이해 및 자연스러운 생성 능력을 갖추고 있어 다양한 산업에서 실제 활용도가 매우 높다. 이를 통해 오픈AI는 콘텐츠 제작, 고객 서비스, 자동화된 프로그래밍 등 여러 분야에서 시장 선점 효과를 누리고 있다. 콘텐츠 제작 분야에서는 기사 작성,

광고 카피라이팅, 소설 및 시나리오 생성 등 창의적 콘텐츠를 효과적으로 생산하며, 고객 서비스 분야에서는 챗봇과 가상 어시스턴트를 통해 사용자와 자연스러운 소통이 가능해 사용자 만족도와 효율성을 동시에 향상하고 있다. 자동화된 프로그래밍 분야에서는 코드 자동 생성, 디버깅 지원 등 개발자의 생산성을 크게 높였다.

또한, 오픈AI의 멀티모달 기술은 텍스트뿐만 아니라 이미지, 음성, 동영상 등 다양한 데이터 형태를 효과적으로 처리할 수 있다. 멀티모달 기술의 발전은 컴퓨터 비전, 음성 인식, 감정 분석 등 더욱 복잡한 응용 분야에서도 기술적 한계를 뛰어넘는 가능성을 제시한다. 예를 들어, 의료 분야에서는 영상과 의료 기록 텍스트를 결합하여 정확한 진단과 치료 계획 수립에 기여할 수 있고, 교육 분야에서는 맞춤형 학습 콘텐츠 제공과 학습자 상태 분석을 통해 학습 효과를 높이는 데 활용될 수 있다. 또한, 엔터테인먼트 분야에서는 영화 및 게임 제작 과정에서 캐릭터 및 스토리텔링 자동화 등을 지원하여 창작 효율성을 높이는 데 기여할 것으로 기대된다.

오픈AI는 기술적 혁신을 지속적으로 유지하고 시장의 요구에 신속히 대응하기 위해 강력한 특허 포트폴리오를 구축하고 있다. 특허 포트폴리오는 경쟁 기업의 기술

모방이나 침해를 방지하는 동시에, 독점적 기술을 통해 시장 지배력을 유지하는 데 중요한 역할을 한다. 또한, 오픈AI는 향후 기술 발전에 따른 추가적인 응용과 확장 가능성을 충분히 고려하여 전략적으로 특허 범위를 지속적으로 넓히고 있다. 이를 통해 오픈AI는 단순히 현재의 기술적 우위에 머무르지 않고, 미래의 인공지능 기술 표준화를 선도하며, 새로운 기술적 요구와 시장 변화에 능동적으로 대응할 수 있는 체제를 구축하고 있다.

장기적으로 오픈AI는 글로벌 AI 기술 표준화 및 정책 결정 과정에도 주도적인 역할을 수행할 가능성이 크다. 기술적 우위를 기반으로 글로벌 표준화 기구나 규제 기관과의 협력을 통해 AI 기술 관련 정책 및 표준 제정 과정에 적극적으로 참여하며, 산업 전반에 걸쳐 광범위한 영향력을 확대할 것으로 기대된다.

특허 전략을 활용한 시장 지배력 강화 방안

오픈AI는 전략적으로 특허를 출원하여 자사의 기술 보호뿐만 아니라 시장 내 협상력 증대와 파트너십 강화를 도모한다. 이는 단순히 경쟁사의 기술 접근을 차단하는 목적에 그치지 않고, 오히려 기술 라이선싱 및 다양한 기업과의 협력을 통해 전체 AI 기술 생태계의 확장과 발전을 촉진하는 전략적 접근법이다. 오픈AI는 이러한 전략을 통해 AI 기술 표준화와 규격화를 주도하며, 업계 전반에 걸쳐 자사의 기술과 영향력을 확대해 나가고 있다.

특히 오픈AI는 자연어 처리(NLP), 생성형 AI 기술(GPT 시리즈), 강화 학습 분야 등 핵심 기술들에 대한 전략적 특허 포트폴리오를 구축하여, 이를 기반으로 글로벌 시장에서의 협상력을 강화하고 있다. 이 같은 특허 포트폴리오는 경쟁 기업과의 기술적 격차를 유지하는 동시에 잠재적인 특허 침해 위험성을 낮추는 방어적 효과를 제공한다. 나아가, 경쟁사들과의 기술적 충돌을 최소화하고 오히려 전략적 제휴 및 협력을 유도할 수 있는 환경을 마련하고 있다.

오픈AI는 핵심 특허를 기반으로 다양한 기업들과 전략적 파트너십을 체결하며, 기술 라이선스를 통한 수익 창출뿐만 아니라 자사의 기술 표준을 시장 내 확고히 자리 잡게 하는 데 성공하고 있다. 이는 단순한 독점적 보호 수단을 넘어서 협력과 공존을 촉진하는 균형적 접근 방식이며, 인공지능 산업 전반의 건강한 발전을 도모하는 데 기여한다.

또 오픈AI는 특허 전략을 활용하여 자사의 기술이 글로벌 AI 기술 표준으로 채택되도록 적극적으로 유도하고 있다. 이는 시장에서의 기술 리더십과 영향력을 지속적으로 유지하고, 타 기업들이 오픈AI의 기술 기반 위에서 혁신과 응용 기술 개발을 진행하도록 장려하는 효과가 있다. 이러한 방식으로 오픈AI는 자사의 기술 생태계를 점차 넓혀 나가며 전체 산업 내에서 중심 역할을 수행하고 있다.

결론적으로, 오픈AI의 주요 특허 확보 및 핵심 기술 전략은 단순한 방어적 차원을 넘어 장기적인 시장 지배력 강화와 협상력 확보, 그리고 글로벌 표준화 및 생태계 확장을 목표로 한다. 향후 오픈AI는 이러한 전략적 특허 출원과 철저한 관리 체계를 유지하며, 독보적인 시장 지위를 유지하고 AI 산업의 지속 가능한 발전을 주도할 것으로 전망된다. 이처럼 오픈AI의 사례는 AI 기술을 보유한 기업들이 앞으로의 특허 전략을 수립할 때 필수적으로 참고해야 할 중요한 모범 사례로 자리 잡을 것으로 기대된다.

참고문헌

미국 특허 등록 번호 US11983806, Systems and methods for image generation with machine learning models.

미국 특허 등록 번호 US12008341, Systems and methods for generating natural language using language models trained on computer code.

미국 특허 등록 번호 US11887367, Using machine learning to train and use a model to perform automatic interface actions based on video and input datasets.

미국 특허 등록 번호 US11922144, Schema-based integration of external apis with natural language applications.

미국 특허 등록 번호 US11922550, Systems and methods for hierarchical text-conditional image generation.

05
AI 특허 분쟁과 법적 쟁점

AI 기술이 급속히 확산되면서 글로벌 기업과 스타트업 간 특허 분쟁이 증가하고 있다. 특히 미국과 중국을 중심으로 분쟁이 활발하며, AI 기술의 특허 권리 범위가 모호해 중복 등록과 침해 논란이 빈번하다. 기업은 명확한 특허 출원 전략과 크로스 라이선싱, 특허 관리 전담 부서 설치 등을 통해 분쟁을 예방하고, 정부는 AI 발명자의 법적 지위 명확화와 특허 심사 기준 개선을 추진해 기술 보호와 혁신 촉진을 동시에 달성해야 한다.

AI와 아이돌?

AI 특허 분쟁의 증가와 배경

최근 인공지능의 급격한 발전과 함께 AI 기술을 둘러싼 특허 분쟁 사례가 전 세계적으로 증가하고 있다. 인공지능 기술은 이제 단순한 연구 영역을 넘어 의료, 금융, 제조, 자동차, 엔터테인먼트 등 다양한 산업 분야의 핵심 기술로 자리 잡고 있으며, 기술 선점을 위한 기업 간의 경쟁도 치열해지고 있다. 이러한 상황에서 기술적 우위를 확보하고 시장 지배력을 강화하기 위한 기업들의 특허 확보 전략이 적극적으로 전개되고 있으며, 특허 침해를 둘러싼 분쟁 역시 빈번히 발생하고 있다.

특히 글로벌 대기업과 기술력이 뛰어난 신생 스타트업 사이의 특허 분쟁 사례가 급격히 늘고 있는데, 이는 대기업들이 시장 우위를 확보하거나 유지하기 위해 스타트업의 혁신적인 기술에 대해 공격적으로 특허권을 행사하는 경향을 보이기 때문이다. 일례로 미국의 인공지능 스타트업들이 개발한 음성 인식 및 자연어 처리 관련 혁신 기술에 대해 대형 IT 기업들이 특허 침해 소송을 제기하거나, 반대로 스타트업들이 자신들의 독창적 기술 보호를 위해 대기업을 상대로 소송을 제기하는 사례들이 잇따르고 있다.

AI 기술은 기본적인 알고리즘 개발에서부터 데이터

수집 및 처리 기술, 응용 분야의 융합 기술 등으로 확장성이 크고 기술 간의 경계가 모호하여 특허의 권리 범위를 명확하게 규정하기 어렵다는 문제를 안고 있다. 이러한 특성 때문에 다수의 기업들이 유사한 기술을 거의 동시에 개발하고 특허 등록을 진행하면서 특허의 중복 등록과 이에 따른 침해 분쟁의 가능성이 높아지고 있다. 대표적으로 딥러닝 모델 구조나 데이터 전처리 기술 같은 영역에서 여러 기업이 비슷한 방식의 특허를 출원하며 서로의 특허 권리를 침해했다고 주장하는 경우가 빈번하다.

특히 미국과 중국을 중심으로 한 주요 AI 시장에서는 최근 몇 년 사이에 AI 관련 특허 소송 건수가 급증하는 추세다. 미국의 경우, 구글, 아마존, 마이크로소프트 등 글로벌 기업들 간의 경쟁적 특허 출원이 증가하면서 관련 소송이 늘어났고, 중국에서도 바이두, 알리바바, 텐센트 같은 거대 기업들이 AI 기술의 독점적 권리를 확보하기 위한 특허 분쟁에 적극적으로 나서고 있다. 또한 유럽과 한국, 일본 등의 시장에서도 AI 기술 특허 보호를 위한 제도적 장치 강화와 함께 관련 소송 사례가 점차 증가하고 있다.

이러한 상황에서 기업들은 AI 특허 포트폴리오를 전

략적으로 구성하고 관리하는 것이 무엇보다 중요해졌으며, 정부 역시 특허 심사 기준의 명확화와 기술 보호를 위한 법적 환경 구축을 통해 분쟁 예방과 신기술 발전을 동시에 촉진할 필요가 있다. 기업들은 협력과 경쟁의 균형점을 찾는 것이 장기적인 성장과 혁신 생태계 조성에 필수적이라는 인식 아래 특허 전략을 보다 세밀하고 유연하게 운영할 필요가 있다.

주요 AI 특허 분쟁 사례 분석

최근 AI 특허 분쟁의 주요 사례 중 하나는 과학자 조지프 베이츠(Joseph Bates)의 회사인 싱귤러(Singular)가 구글을 상대로 AI 칩 관련 특허 침해를 주장하며 17억 달러 규모의 소송을 제기한 사건이다. 이 사례는 AI 기술의 특허 가치가 얼마나 높은지를 보여 주며, 결국 양측이 합의를 통해 소송을 마무리 지었다.

국내 AI 기업 간 분쟁 사례도 주목할 만하다. 프렌들리AI가 허깅페이스(Hugging Face)를 상대로 기술 특허 침해를 주장하며 소송을 제기하였으나, 결국 양측이 합의를 통해 분쟁을 해결한 사례가 있었다. 이는 AI 분야에서 글로벌 플랫폼과 스타트업 간에도 특허 분쟁 리스크가 높다는 점을 명확히 보여 준 사례로 평가된다.

AI 기반 의료 기술 분야에서도 특허 분쟁이 활발히 일어나고 있다. 국내 의료 AI 기업인 뷰노가 에이아이트릭스(AITRICS)를 상대로 AI 기반의 심정지 예측 기술 특허 침해를 주장하며 소송을 진행한 사례가 있다. 이 사건은 AI 특허 분쟁이 단순히 기술적 문제가 아니라 공공 보건과 직결된 중요성을 가진다는 점에서 주목받았다.

AI 기술 분쟁은 상표권 영역으로도 확장되고 있다. 최근 제미나이 데이터(Gemini Data)가 구글의 AI 시스템인 '제미나이(Gemini)'가 자사의 상표권을 침해했다고 주장하며 소송을 제기한 사례가 대표적이다. 제미나이 데이터는 구글의 AI 시스템으로 인해 자사 상표가 시장에서 혼란을 일으켰다고 주장했다. 이는 AI 기술 명칭이 상표 분쟁의 대상이 된 사례다.

AI 특허 분쟁의 주요 법적 쟁점

AI 특허 분쟁의 가장 핵심적인 법적 쟁점은 AI 기술의 특허 가능성과 그 권리 범위의 명확성 문제다. 현재 특허 제도는 발명자를 자연인, 즉 인간으로 한정하고 있기 때문에 AI가 독자적인 발명자로 인정받을 수 있는지를 두고 법적 논쟁이 계속되고 있다. 특히 AI의 기술적 진보로 인해 스스로 학습하고 창작하며 인간의 개입 없이 독창적인 결과물을 생성할 수 있게 되면서, AI 자체가 발명의 주체로 기재될 가능성에 대한 법적 해석의 필요성이 높아지고 있다.

국내에서도 최근 AI를 발명자로 기재한 특허 출원이 있었으나, 특허청이 받아들이지 않고 거절 결정을 내렸다. 이에 대한 행정 소송에서도 법원은 현행 특허법상 발명자는 자연인만 가능하다는 명확한 판결을 내렸다. 유사하게, 미국과 유럽을 비롯한 해외에서도 AI를 발명자로 인정할 수 없다는 판결이 반복적으로 내려지고 있으나, 동시에 기술 발전과 현실적 필요성을 고려할 때 법 개정이나 제도 개선을 요구하는 목소리도 높아지고 있는 실정이다.

이러한 법적 불확실성은 AI 기술을 활용한 비즈니스 모델 개발 및 글로벌 시장 진출 과정에서 중대한 장애물로 작용하고 있다. 관련 업계에서는 AI의 발명자 지위 인정 여부와 저작권 보호 문제를 명확히 하기 위한 국제적 논의와 협력이 필요하다는 입장이다. 따라서 향후 AI 기술의 발전 속도를 감안할 때, AI 특허와 저작권 관련 법적 쟁점에 대한 보다 심도 깊고 신속한 논의 및 법적 정비가 요구되는 상황이다.

AI 특허 분쟁에 대비한 기업의 대응 전략

AI 특허 분쟁을 예방하고 효과적으로 관리하기 위해 기업들은 체계적이고 전략적인 대응 방안을 적극적으로 마련해야 한다. 이는 기업의 지속 가능한 성장과 기술 경쟁력을 유지하는 데 필수적이다.

첫째로, 기업은 철저한 특허 조사를 통해 기존 특허와의 충돌 가능성을 미리 파악해야 한다. 이를 위해 정기적으로 국내외 특허 데이터베이스를 활용하여 최신 특허 출원 현황을 분석하고, 유사 기술이나 경쟁사의 특허 포트폴리오를 면밀히 모니터링할 필요가 있다. 이를 바탕으로, 사전 라이선스 계약을 체결하거나 크로스 라이선싱 전략을 활용해 잠재적인 특허 침해 리스크를 적극적으로 최소화해야 한다. 특히 크로스 라이선싱은 기업 간 상호 이익을 극대화하며 분쟁 발생 가능성을 현저히 줄일 수 있는 효과적인 방법이다.

둘째로, AI 특허 출원 과정에서 권리 범위를 명확하고 구체적으로 설정하여 분쟁 가능성을 원천적으로 방지해야 한다. AI 기술의 특성상 적용 범위가 매우 광범위하고 유사한 기술들이 빠르게 등장할 수 있으므로, 기술 정의를 명확히 하고 특허 청구 범위를 정확히 규정하는 것이 중요하다. 또한 특허 출원 단계부터 권리 범위를 다양한 각도에서 분석하고, 향후 발생 가능한 기술적 확장 가능성을 고려하여 유연하게 설계해야 한다.

셋째로, AI 기술 개발 과정에서 법률 전문가와 기술 전문가의 긴밀한 협력을 통해 특허 침해 가능성을 지속적으로 점검하고 관리하는 내부 시스템을 구축해야 한다. 이는 단순히 특허 침해 가능성을 방지하는 것뿐 아니라, 기업 내부적으로 특허와 관련된 이슈를 신속하게 파악하고 대응할 수 있는 역량을 키우는 데도 중요한 역할을 한다. 이러한 내부 시스템 구축은 특허 분쟁 발생 시 신속한 법적 대응을 가능하게 하여 잠재적 손실을 최소화할 수 있다.

넷째로, 특허 관리 전담 부서를 설치하거나 전문 인력을 양성하여 특허 전략을 체계적으로 관리할 수 있도록 해야 한다. 이 부서는 특허 출원 및 관리뿐만 아니라 침해 여부 분석, 기술 이전, 특허 평가 등 다양한 업무를 수행하며 기업의 기술적, 법적 리스크를 체계적으로 관리하는 데 핵심적인 역할을 수행한다. 더불어 특허 관련 교육 프로그램과 워크숍을 정기적으로 개최하여 전 직원의 특허 인식을 높이고 분쟁 예방 의식을 고취해야 한다.

마지막으로, AI 특허 분쟁에 대한 사례 연구와 동향 분석을 정기적으로 실시하여 전략 수립에 활용해야 한다.

특히 최근의 주요 글로벌 특허 분쟁 사례들을 분석하여 분쟁의 원인과 결과를 파악하고, 이를 통해 자사의 특허 전략을 지속적으로 개선해야 한다. 또한 특허 분쟁 발생 시의 대응 절차와 매뉴얼을 미리 마련하여 실제 상황에서의 신속한 의사 결정과 대응력을 높여야 한다.

결론적으로, AI 기술이 빠르게 확산되고 적용 분야가 다양해짐에 따라 특허 분쟁은 계속 증가할 것으로 전망된다. 이에 기업들은 철저하고 체계적인 특허 전략 수립과 함께 선제적인 법적 대응 역량을 강화해야 한다. 명확한 특허와 상표권 관리, 체계적인 사전 분쟁 예방 전략 구축 등을 통해 AI 분야에서 기술적 경쟁력을 지속적으로 확보할 수 있을 것이다.

참고문헌

김승권(2025.1.17). [단독] 뷰노, 에이아이트릭스에 AI의료기기 특허 침해 소송...주요 쟁점은. ≪팜이데일리≫, https://pharm.edaily.co.kr/news/read?newsId=01804006642038704

장세민(2025.1.13). 프렌들리AI, 허깅페이스와 '기술 특허 침해' 소송 합의. ≪AI타임스≫, https://www.aitimes.com/news/articleView.html?idxno=167106

Ghoshal, A.(2024.1.26). 구글, AI 칩 특허 침해 17억 달러 소송에

합의. ≪CIO Korea≫,
https://www.cio.com/article/3515094

06
오픈 소스와 AI 특허의 균형

AI 기술 발전에서 오픈 소스는 협력과 혁신을 촉진하는 핵심 역할을 하고 있지만, 동시에 기술 보호와 시장 경쟁력 유지를 위한 특허 전략도 중요성이 증가하고 있다. 구글, 메타 등 주요 기업들은 오픈 소스를 통해 기술 생태계를 확장하면서도 핵심 기술은 특허로 보호하는 하이브리드 전략을 활용한다. 기업들은 기술의 개방성과 특허 보호 간의 균형을 유지하기 위해 개방형 특허나 크로스 라이선싱 등 다양한 전략적 접근을 시도하고 있다.

AI와 야구?

AI 기술 발전과 오픈 소스 전략의 역할

인공지능 기술의 급속한 발전 과정에서 오픈 소스는 핵심적인 역할을 수행해 왔다. 오픈 소스는 기술 공유와 협력을 촉진하여 다양한 기업과 연구 기관이 빠르게 AI 기술을 발전시키는 데 크게 기여했다. 특히 구글의 텐서플로(TensorFlow), 메타(구 페이스북)의 파이토치(PyTorch) 등 주요 AI 프레임워크들이 오픈 소스로 공개되면서 연구자들은 물론 스타트업과 일반 기업들도 손쉽게 첨단 AI 기술을 개발하고 활용할 수 있게 되었다.

이러한 오픈 소스 전략은 AI 기술 생태계의 성장을 촉진하는 긍정적 효과가 있었다. 개방형 협업 모델 덕분에 전 세계 개발자들이 자발적으로 참여하며 혁신을 빠르게 확산시켰고, 산업계 전체의 기술 발전 속도를 크게 높였다. 이 과정에서 많은 기업들은 오픈 소스를 활용하여 자사의 혁신 속도를 높이는 동시에 기술 생태계 전체의 발전에도 기여했다.

오픈 소스는 AI 기술의 접근성을 높여 개발자, 연구자, 기업들이 자유롭게 활용하고 개선할 수 있도록 한다. 이는 기술 발전을 가속화하고 혁신적인 서비스의 등장을 촉진하며, AI 산업의 진입 장벽을 낮추는 데 기여한다.

또한, 오픈 소스는 기술 발전을 사회 전체와 공유하고,

기술 격차를 줄이는 공공재로서 역할을 한다. 오픈 소스의 핵심은 모두가 협력하여 지식을 나누는 것이다.

오픈 소스 AI 모델의 가용성으로 인해 새로운 애플리케이션을 개발하는 데 필요한 시간과 리소스가 크게 줄어들고 더 많은 혁신이 가능해지지만, 동시에 AI의 오용과 위험을 최소화하기 위한 규제의 필요성도 증가하고 있다.

따라서 오픈 소스는 AI 기술 발전의 핵심 요소로서, 기술 공유와 협력을 통해 산업 전반의 혁신을 촉진하고 있다.

AI 특허 확보 전략과 기술 보호의 중요성

최근 AI 기술의 상업적 가치가 급격히 상승하면서 기업들은 자사의 기술 보호를 위한 특허 전략을 보다 적극적으로 채택하고 있다. AI 기술의 특허 출원 건수는 지난 5년간 폭발적으로 증가하여, 미국 특허청(USPTO)과 세계 지식 재산 기구(WIPO)에 따르면 AI 관련 특허 출원은 연평균 30% 이상 증가세를 보인다. 특히, 구글, 마이크로소프트, IBM, 아마존과 같은 글로벌 주요 기업들은 핵심 기술에 대한 특허 포트폴리오 구축에 집중적으로 투자하여 시장 경쟁에서 우위를 확보하고 있다.

기업들이 특허를 통해 보호하는 범위는 AI 알고리즘

그 자체뿐만 아니라 데이터 수집 기술, 데이터 전처리 및 분석 방법, 학습 모델 최적화 기술 등 AI 기술 전반으로 확대되고 있다. 예컨대, 테슬라는 자율 주행 기술과 관련된 데이터 처리 및 최적화 알고리즘에 대한 특허를 다수 보유하며, 시장에서 독점적 지위를 강화하고 있다.

AI 기술이 의료, 금융, 제조, 자율 주행 등 다양한 산업 분야로 확대 적용됨에 따라 시장 경쟁은 더욱 치열해지고 있으며, 그만큼 특허의 중요성도 증대되고 있다. 특히, AI 특허는 기술 혁신의 보호뿐만 아니라 경쟁사의 시장 진입을 효과적으로 견제할 수 있는 수단으로 기능한다. 또한, 특허권은 법적 분쟁 발생 시 자사 기술을 보호하는 강력한 방어 수단이 된다. 실제로 최근 AI 관련 기술 분쟁이 급증하는 가운데 특허는 중요한 법적 대응책으로 부상하고 있다.

또한, AI 기술의 특성상 데이터와 알고리즘의 결합이 필수적이므로, 데이터 활용과 관련된 특허 출원 역시 활발히 진행되고 있다. 데이터 수집 및 처리 과정에서 고유한 방법론을 특허화하여 데이터 활용 자체에 대한 경쟁력을 유지하려는 움직임이 나타나고 있다. 예를 들어, 구글은 데이터 개인화와 관련된 독자적인 AI 데이터 처리 방식에 대한 특허를 확보하고 있으며, 이를 통해 경쟁사와 차별화된 서비스를 제공하고 있다.

이처럼 AI 기술과 관련된 특허 전략은 단순한 지적 재산 보호를 넘어 시장 점유율 확대와 장기적인 경쟁력 유지의 필수적인 요소로 자리 잡고 있다. 앞으로 AI 기술의 발전과 함께 특허 전략의 중요성은 더욱 커질 것으로 전망된다.

오픈 소스와 AI 특허 간의 관계

오픈 소스와 특허 전략은 근본적으로 서로 다른 철학과 가치관에서 비롯된 접근법으로, 인공지능 기술 발전 과정에서 상당한 긴장과 갈등을 초래할 수 있다. 오픈 소스는 기술을 모든 사람에게 자유롭게 개방하여 광범위한 협력과 공유를 장려하는 반면, 특허 전략은 특정 기술에 대한 독점적 권리를 확보하여 기업의 경쟁력을 보호하는 것을 목표로 한다. 이러한 상반된 접근 방식이 최근 AI 산업에서 병존하면서 복잡하고 미묘한 상호작용을 일으키고 있다.

실제로 많은 글로벌 기업들은 오픈 소스 생태계와 특허 전략을 동시에 활용하는 하이브리드 방식을 선택하고 있다. 예를 들어, 구글, 메타, 마이크로소프트와 같은 주요 기술 기업들은 AI 모델이나 프레임워크, 기초 연구 결과 등을 오픈 소스로 적극적으로 공개하여 기술 생태계를 확대하고 생태계 내에서 자신들의 영향력을 강화하고 있다. 하지만 이들 기업들은 동시에 특정 핵심 기술이나 알고리즘, 데이터 처리 방법 등 전략적 가치가 높은 기술에 대해서는 특허를 출원하여 지식 재산권 보호를 강화한다. 이렇게 함으로써 개방을 통해 생태계를 넓히면서도, 핵심적인 기술적 우위를 유지하여 경쟁자들의 접근을 제한하는 두 가지 목적을 동시에 달성하려는 것이다.

이러한 전략은 양날의 검과 같은 특성이 있다. 한편으로는 오픈 소스를 통한 기술 공개가 협력을 촉진하고 기술 혁신의 속도를 높이는 긍정적인 효과를 낳는다. 기업과 연구 기관들이 자유롭게 정보를 공유하고, 공동 연구를 수행하며, 새로운 아이디어를 쉽게 적용할 수 있기 때문이다. 다른 한편으로 특허 전략이 지나치게 강조되면 일부 중요한 기술에 대한 접근이 제한된다. 특허로 보호된 기술이 많아질수록 경쟁업체나 연구자들의 기술 접근성이 감소하고, 장기적으로는 협력과 혁신의 속도를 저하시킬 우려가 있다.

특히 AI 분야는 빠르게 변화하고 있으며, 기술의 발전이 협력과 공유를 통해 이루어지는 특성이 있다. 이런 환경에서는 과도한 특허 출원이나 기술 독점이 오히려 전체 기술 생태계의 성장을 방해할 가능성도 존재한다. 예를 들어, 특정 AI 모델이나 알고리즘이 특허로 보호될 경우, 관련 기술을 활용하려는 기업이나 연구자들이 복잡한 라이선싱 절차를 거쳐야 하거나 높은 비용을 부담해야 하는 상황이 발생할 수 있다. 이는 결국 기술 발전 속도를 둔화시키고, AI 기술의 상용화나 사회적 활용을 저해할 수 있다.

이와 같은 문제를 해결하기 위해 최근에는 기업들이 특허와 오픈 소스를 보다 균형 있게 활용하려는 노력을 기울이고 있다. 일부 기업들은 기술 공유와 협력을 촉진하기 위해 특허 포트폴리오 중 일부를 개방형 특허로 제공하거나, 기술 표준화를 위한 공동의 특허 풀(Patent Pool)에 참여하는 방식으로 접근성을 높이려 하고 있다. 또한, 기술 공동체 내부에서는 협력적 경쟁(Co-opetition)이라는 개념이 점차 확산되고 있다. 이는 기업들이 서로 경쟁하면서도 일정 부분 협력하여 공동의 기술 발전을 추구하는 전략이다.

결국 AI 분야에서 오픈 소스와 특허 전략의 병존은 필연적이지만, 이러한 두 접근법 사이에서 적절한 균형을 찾는 것이 중요하다. 기술 생태계 전체의 성장을 위해 협력과 개방성을 유지하면서도, 기업의 혁신 유인을 보장하고 경쟁력을 보호할 수 있는 전략적 균형점을 찾아가는 것이 향후 AI 기술 발전의 핵심 과제가 될 것이다.

오픈 소스와 특허의 균형 유지 전략

AI 기업들이 오픈 소스와 특허 전략 사이의 적절한 균형을 유지하는 것이 매우 중요해졌다. 최근 기업들은 개방형 생태계를 유지하면서도 특허를 전략적 도구로 활용하는 다양한 방식을 채택하고 있다.

첫째, 핵심 AI 프레임워크나 기본 모델은 오픈 소스로 공개하여 생태계를 확장하고, 응용 분야나 특정 산업의 특수 기술에 대해서만 특허를 확보하는 방식이 있다. 이는 기술적 기초가 되는 부분은 누구나 자유롭게 활용하도록 하되, 특화된 응용 기술은 보호하여 경쟁 우위를 유지하는 전략이다.

둘째, AI 기술에 대한 특허를 확보하되, 특허 라이선스를 통해 생태계 내 다른 기업과 공유하거나, 크로스 라이선싱을 통해 상호 기술을 교환하는 전략을 사용할 수 있다. 이는 기술 보호와 동시에 개방성을 유지할 수 있는 현실적인 방안으로 평가받고 있다.

셋째, 기업들은 특허를 활용하여 다른 기업과의 협상

력을 높이고 전략적 파트너십 구축을 위한 수단으로 활용할 수도 있다. 특허는 무조건적 독점보다는 협력적 관계 형성을 위한 중요한 도구로 기능할 수 있기 때문이다.

결국, AI 산업의 지속 가능한 발전을 위해서는 오픈 소스와 특허의 균형 유지가 필수적이다. 기업들이 이 균형점을 찾기 위해 다양한 접근법을 시도하고 있으며, 앞으로 AI 산업 발전과 함께 이에 대한 전략적 논의와 연구가 더욱 활발히 이루어질 것으로 기대된다.

참고문헌

사단법인 유앤미래포럼(2023.12.26). [오픈 소스 AI] 책임감 있는 AI 개발에 오픈 소스가 중요하다. AI 규제의 중심에는 책임 있는 AI 개발 및 배포에 대한 통합 접근 방식이 필요하다. 규제가 편견 없이 개발될 수 있도록 규제 대화에 광범위한 기술자가 참여해야 한다. 다양한 관점이 없으면 결과적인 규제로 인해 책임 있는 AI의 초석인 오픈 소스 모델이 간과될 수 있다. https://www.unfuture.org/2436

WIPO(2024.7.3). Patent Landscape Report - Generative Artificial Intelligence(GenAI). https://www.wipo.int/web-publications/patent-landscape-report-generative-artificial-intelligence-genai/en/index.html

07
AI 스타트업과 특허 전략

최근 AI 스타트업의 성장에 있어 특허 전략이 핵심적이다. 특허는 기술 보호뿐 아니라 기업 가치 평가, 투자 유치, 글로벌 경쟁력 확보 및 협상력 강화의 필수 요소다. 특히 초기부터 전략적인 특허 포트폴리오를 구축하고 기술 표준화 참여, 글로벌 시장 진출을 고려한 특허 확보, 경쟁사 특허 모니터링과 명확한 권리 범위 설정 등을 통해 기업 성장과 시장에서의 생존력을 높여야 한다.

AI와 운동주?

AI 스타트업의 성장과 특허의 중요성

최근 인공지능 기술을 활용하는 스타트업들이 빠르게 성장하고 있다. AI 기술은 데이터 분석, 헬스케어, 자율주행, 금융, 콘텐츠 생성 등 다양한 분야에서 혁신을 가져오며 새로운 비즈니스 기회를 창출하고 있다. 그러나 AI 기술의 확산과 함께 기술 간 경쟁이 치열해지면서 스타트업에게 특허 전략은 단순한 선택이 아니라 생존을 위한 필수 전략으로 자리 잡았다.

특허는 스타트업에게 기술적 우위를 제공할 뿐 아니라 기업의 가치 평가와 투자 유치에 중요한 지표가 된다. 최근 글로벌 AI 스타트업의 성공 사례를 보면, 강력한 특허 포트폴리오가 기업 성장과 시장에서의 신뢰 확보에 결정적인 역할을 한 것을 확인할 수 있다. 특히 글로벌 대기업과 경쟁해야 하는 스타트업에게 특허 확보는 기술 보호뿐 아니라 협상력을 높이는 데 중요한 전략적 수단이다.

더 나아가, 특허 포트폴리오는 기업이 보유한 기술의 가치를 명확하게 보여 주는 수단으로 인수 합병(M&A)이나 전략적 파트너십 체결 과정에서 중요한 평가 요소로 활용된다. 예를 들어, 최근 글로벌 IT 기업들이 AI 스타트업을 인수할 때 스타트업의 특허 자산을 주요 평가 기준으로 삼는 경우가 늘어나고 있다.

그러나 스타트업은 특허 전략을 수립할 때 자사의 기술 특성과 비즈니스 모델에 맞는 특허 출원 및 관리 전략을 정교하게 세워야 한다. 단순히 특허 수를 늘리는 데 그치지 않고 핵심 기술에 대한 특허 확보와 경쟁사가 침해하기 어려운 강력한 특허 포트폴리오를 구축하는 것이 필수적이다. 또한 특허 확보와 동시에 기술 표준화 참여, 특허 풀(Patent Pool) 가입 등을 통해 보다 유리한 협력 관계를 형성하는 전략적 접근도 필요하다.

결론적으로, AI 스타트업의 성장에서 특허는 단순한 법적 보호 수단이 아니라 기업 경쟁력과 생존 가능성을 결정짓는 핵심적인 전략적 자산으로서 그 중요성이 더욱 부각되고 있다.

AI 스타트업의 주요 특허 확보 사례

글로벌 AI 스타트업들이 적극적인 특허 전략을 통해 성공을 거둔 사례는 많다. 대표적인 예로, 이미지 인식 AI 스타트업 클라리파이(Clarifai)는 설립 초기부터 핵심 기술에 대해 전략적으로 특허를 확보하여 기술적 차별화를 이뤄 냈다. 이 회사는 특허 포트폴리오를 통해 대기업과의 파트너십에서 우위를 점하며 시장 진입 장벽을 형성했다.

국내에서도 AI 스타트업의 특허 전략이 두드러진다. 의료 AI 스타트업 루닛(Lunit)은 AI 기반 진단 기술과 관련하여 지속적인 특허 출원을 통해 경쟁력을 강화해 왔다. 특히 루닛은 주요 의료 데이터 처리 기술에 대해 다수의 특허를 확보하면서 글로벌 의료 기업과의 협력 및 기술 공급 계약에서 협상력을 높였다.

이와 같이 성공적인 AI 스타트업들은 핵심 기술 및 응용 기술 영역에서 전략적인 특허 확보를 통해 기술적 우위와 시장 경쟁력을 동시에 확보하고 있다. 특히 초기부터 특허 전략을 명확히 설정하고 포트폴리오를 구축하는 것이 AI 스타트업 성장의 핵심 요소로 자리 잡고 있다.

AI 스타트업의 특허 전략 수립 방법

AI 스타트업들이 효과적인 특허 전략을 수립하기 위해서는 몇 가지 핵심적인 접근법이 필요하다. 첫째, 스타트업은 창업 초기부터 특허 전략을 명확히 세우고 핵심 기술을 중심으로 우선순위를 정해 전략적으로 특허 출원을 진행해야 한다. 특히 AI 기술은 빠르게 진화하기 때문에 기술의 범위를 명확히 하고, 미래 기술 발전 방향까지 고려하여 충분한 권리 범위를 확보하는 것이 중요하다. 이를 위해 기술 로드맵을 수립하고, 정기적인 기술 동향 분석을 통해 특허 포트폴리오를 지속적으로 업데이트하는 것이 필수적이다.

둘째, 특허 전략 수립 시 AI 기술의 전 과정(데이터 수집, 데이터 전처리, 모델 설계 및 학습, 검증, 배포 및 추론 단계 등)을 체계적으로 분석하여 단계별로 중요한 기술 요소를 세부적으로 파악하고 이에 대한 특허를 개별적으로 확보하는 전략이 필요하다. 특히 데이터 처리와 모델 학습 알고리즘은 특허 출원의 핵심 대상이 될 수 있으므로, 이 과정에서의 혁신성을 철저히 검토하고 명확히 정의하는 것이 중요하다. 이로 인해 기술 보호의 사각지대를 최소화하고, 경쟁사의 기술 침해 가능성을 낮추는 효과를 가져올 수 있다.

셋째, 스타트업은 글로벌 시장 진출 가능성을 고려하여 국내뿐 아니라 미국, 중국, 유럽, 일본 등 주요 글로벌 시장에서의 특허 포트폴리오를 동시에 구축해야 한다. AI 산업은 전 세계적으로 빠르게 확장하고 있으며, 글로벌 시장에서의 특허 확보 여부는 시장 경쟁력 확보에 필수적이다. 글로벌 특허 출원은 장기적으로 스타트업의 시장 진입 장벽을 형성하고, 해외 경쟁자의 기술 침해에 대한 방어력을 높일 수 있다. 또한, 글로벌 시장에서의 특허 포트폴리오는 투자 유치 및 인수 합병 과정에서도 기업 가치를 높이는 전략적 자산으로 작용할 수 있다.

넷째, 경쟁사 특허 분석 및 모니터링을 지속적으로 수행하여 기술적 우위를 유지하는 전략이 필요하다. 정기적으로 경쟁사의 특허 출원 현황을 모니터링하고 분석함으로써 기술 개발 방향과 특허 전략을 선제적으로 조정할 수 있다. 이러한 분석은 자사의 특허 침해 리스크를 조기에 식별하고, 필요한 경우 회피 설계 또는 크로스 라이선싱 전략을 마련할 수 있는 기반을 제공한다.

마지막으로, AI 스타트업은 기술 혁신과 특허 전략을 긴밀히 연계하여 기업의 전체적인 성장 전략에 통합해야 한다. 즉, 단순히 특허 숫자를 늘리는 것에 초점을 맞추는 것이 아니라, 실제 비즈니스 모델과 연계하여 전략적 가치가 높은 특허를 선별적으로 출원하는 것이 중요하다. 이를 통해 스타트업은 한정된 자원을 효율적으로 활용하면서 기업 가치를 극대화할 수 있다.

AI 스타트업 특허 전략의 유의점

AI 스타트업들이 특허 전략을 추진하면서 주의해야 할 사항들이 있다. 가장 중요한 유의점은 특허 출원 과정에서 불필요한 기술 공개나 권리 범위의 불명확성으로 인해 특허 권리가 축소될 가능성이 크다는 점이다. AI 기술은 일반적으로 추상적이고 광범위하므로, 명세서에 구현 방법, 학습 모델의 구조, 데이터 처리 과정 등을 구체적이고 명확하게 기술하여 권리 범위를 최대한 명확하게 설정하는 것이 필수적이다.

또한, 스타트업들이 자금 문제로 초기 특허 전략에 소홀할 수 있지만, 초기부터 특허에 전략적으로 투자하지 않으면 장기적으로 경쟁력 확보와 시장 진입 장벽 구축에 어려움을 겪게 된다. 따라서 스타트업은 핵심 기술을 선별하여 특허 출원과 유지 비용을 전략적으로 관리하면서 필수적인 기술들은 반드시 보호받도록 하는 전략이 필요하다.

마지막으로, 특허 전략은 단순한 보호가 아니라 협력과 시장 확대를 위한 전략적 수단으로 활용할 수 있어야 한다. 특허를 통해 경쟁사와의 협력 관계를 형성하거나, 특허 라이선싱을 통해 수익 구조를 확장하는 방식으로 접근하는 것도 중요하다.

결론적으로, AI 스타트업의 성공 여부는 단순히 기술력뿐 아니라 이를 보호하고 활용할 수 있는 특허 전략의 완성도에 달려 있다. 스타트업은 창업 초기부터 전략적인 특허 포트폴리오 구축을 통해 기술 경쟁력 확보와 동시에 시장 내 협상력을 높이는 전략을 추구해야 한다.

참고문헌

서울지식재산센터(2024). ≪2025 지식재산경영 전략 가이드북≫.

특허청(2017.11.21). ≪현장에서 꼭 필요한 IP-R&D 전략≫. https://www.kipo.go.kr/ko/kpoBultnDetail.do?ntatcSeq=16131&aprchId=BUT0000048

08
AI 특허와 글로벌 규제 환경

AI 기술이 빠르게 확산되며 미국은 혁신 중심의 유연한 규제를, EU는 고위험 기술에 엄격한 윤리적 규제를, 중국은 강력한 표준화와 통제 중심의 규제를 추진하고 있다. 이에 따라 글로벌 기업은 규제 준수를 입증하는 방향으로 특허 전략을 변화시켜, 윤리성·투명성·책임성을 특허에 반영하고 규제 리스크를 낮춰야 한다. 또한 주요국 특성에 맞춘 특허 관리, 글로벌 규제 예측 및 오픈 이노베이션을 통한 전략적 대응이 필수적이다.

AI와 한의학?

AI 기술의 글로벌 확산과 규제 필요성

인공지능 기술이 전 세계적으로 빠르게 확산되면서, 다양한 국가들이 AI의 윤리적 문제, 개인 정보 보호, 공정성 및 책임성 문제를 해결하기 위한 규제 체계를 마련하고 있다. 특히 미국, 유럽, 중국을 중심으로 AI 기술 규제 논의가 활발하게 진행되고 있으며, 각국의 규제 방식도 뚜렷하게 차이를 보인다.

미국은 AI 산업의 글로벌 리더로서 혁신과 발전을 촉진하기 위해 유연한 규제 접근 방식을 취하고 있다. 2021년 「국가 인공지능 구상법 2020」을 제정하고 AI 기술 개발을 적극 지원하고 있으며, 2023년 10월에는 AI를 안전하고 신뢰할 수 있게 개발하기 위한 행정 명령을 발표하였다. 이 행정 명령은 AI 시스템의 안전성 확보, 개인 정보 보호 강화, 정부의 관리 감독 확대가 주요 내용이다.

유럽 연합은 AI 기술 규제에 보다 강력한 입장을 취한다. 유럽 연합은 2023년 「AI법(AI Act)」을 통해 AI 기술을 위험 수준에 따라 분류하고, 고위험 AI 기술에 대해 엄격한 규제를 적용하고 있다. 특히 얼굴 인식, 개인 정보 처리, 자동화된 의사 결정 시스템 등 민감한 분야에서는 엄격한 사전 인증과 규제를 요구하여 AI의 윤리적이고 책임 있는 사용을 강조하고 있다.

중국은 AI 기술 발전을 국가적 전략으로 삼고 있으며, AI 기술 표준화를 통한 강력한 규제를 추진하고 있다. 중국은 2026년까지 AI 관련 기술 표준을 50개 이상 도입할 계획을 밝혔고, 알고리즘 추천 시스템, 합성 콘텐츠 생성 기술에 대한 강력한 통제를 시행하고 있다. 이를 통해 중국은 2030년까지 AI 분야에서 세계적 리더로 자리 잡겠다는 목표를 내세우고 있다.

각국의 AI 규제 방식이 서로 다르기 때문에 글로벌 기업들은 국가별 규제 환경을 정확히 파악하고 비즈니스 전략에 반영할 필요가 있다. 최근 프랑스 파리에서 개최된 AI 정상 회의(2025)에서는 60여 개국이 윤리적이고 안전한 AI 기술 개발을 촉진하기 위한 국제 서약에 동참했지만, 미국과 영국 등 일부 국가들이 참여하지 않아 글로벌 협력에 한계가 드러나기도 했다.

글로벌 AI 규제와 특허 전략의 관계

글로벌 규제 환경이 AI 기술의 발전과 활용에 큰 영향을 미치면서, 기업들의 특허 전략에도 중요한 변화가 나타나고 있다. AI 기술은 점차 광범위하게 활용됨에 따라, 각국 정부와 국제 기구들은 기술의 윤리적 사용, 책임성,

투명성, 프라이버시 보호 등에 대한 강력한 규제를 도입하고 있다. 이에 따라 AI 특허는 단순히 기술 보호와 독점적 권리 확보의 목적을 넘어, 규제 준수와 기술적 책임성 입증을 위한 필수적 도구로 자리 잡고 있다.

특히 규제가 엄격한 지역에서는 AI 기술이 윤리적이고 책임감 있게 설계되었음을 증명하는 것이 시장 진입의 전제 조건으로 요구되고 있다. 따라서 기업들은 특허 출원 과정에서 기술의 윤리적 설계, 투명성 확보, 책임성 보장을 입증할 수 있는 세부적 요소들을 포함시키고 있다. 예를 들어, AI 시스템이 사용하는 데이터의 수집, 처리, 저장 및 관리 방식과 관련하여 프라이버시 보호 및 데이터 보안 기술을 명시적으로 특허에 반영하고 있다. 또한 AI 시스템의 의사결정 프로세스를 설명 가능하고 이해 가능한 형태로 구현하는 기술을 특허 출원함으로써 규제 준수 및 신뢰성 확보에 선제적으로 대응하고 있다.

더 나아가 AI의 편향성(Bias) 완화 기술이나, 사용자 데이터 접근 권한 설정, 사용자 동의 기반의 데이터 처리 방식 등 사용자 권리 보호에 특화된 기술을 특허화하는 사례도 증가하고 있다. 이러한 전략은 특히 유럽 연합의 「AI법」, 미국의 「안전하고 신뢰할 수 있는 인공지능 개발 및 사용 행정 명령 제14110호」, 중국의 「데이터안전법(Data Security Law)」, 「생성형 AI 서비스 관리를 위한 임시 조치(Interim Measures for the Management of Generative AI Services)」 등 각국의 강력한 규제 환경에 효과적으로 대응할 수 있게 한다.

이 같은 특허 전략적 접근은 글로벌 시장 진출 시 규제 리스크를 현저히 낮추고, 기업의 시장 경쟁력을 크게 강화하는 효과를 가져온다. 기업들은 이를 통해 AI 기술 개발 초기 단계부터 규제 준수를 내재화함으로써 규제 대응 비용을 절감하고, 법적 분쟁 및 평판 리스크를 최소화할 수 있다. 또한 규제 환경과 밀접하게 연계된 특허 포트폴리오를 구축함으로써 기술력과 윤리적 신뢰성을 동시에 입증할 수 있어, 글로벌 시장에서의 파트너십 형성 및 브랜드 가치를 높이는 데에도 효과적이다.

결국, 기업이 AI 기술의 특허 전략을 수립할 때 글로벌 규제 트렌드와 긴밀히 연계하여 접근하는 것이 필수적이다. 기업은 단순 기술 보호를 넘어, 기술의 책임성과 윤리성을 적극적으로 입증하는 방향으로 특허 전략을 진화시켜야 한다. 이 같은 변화는 기업의 지속 가능한 성장과 글로벌 경쟁력 강화에 핵심적인 역할을 할 것이다.

글로벌 규제 환경에서 특허 전략 수립 방안

AI 기술을 활용하는 기업들은 글로벌 규제 환경의 변화에 따라 적절한 특허 전략을 수립해야 한다. 이는 단순히 기술적 우위를 유지하는 차원을 넘어, 법적 리스크를 최소화하고 글로벌 경쟁력을 지속적으로 확보하기 위한 필수적인 요소다.

첫째, 기업들은 글로벌 주요 시장인 미국, 유럽, 중국의 규제 환경을 정확히 이해하고, 각 시장의 특성에 맞게 특허 출원과 관리 전략을 차별화할 필요가 있다. 미국은 특허 보호가 강력하고 특허 분쟁의 위험이 상대적으로 높은 시장이므로, 명확한 권리 범위를 설정하고 잠재적인 특허 침해 문제를 사전에 방지할 수 있도록 전략적 특허 포트폴리오를 구축해야 한다. 유럽 시장은 최근 「AI 법」의 도입 등 엄격한 규제 환경으로 인해 윤리적이고 책임 있는 기술 사용에 대한 요구가 높다. 따라서 기업들은 기술의 윤리성과 투명성을 특허 출원 시 적극적으로 강조하여 규제 당국과 소비자의 신뢰를 확보할 필요가 있다. 중국 시장의 경우 정부의 산업 육성 정책과 AI 분야 지원책이 두드러지는 만큼, 현지 정책과의 정합성을 높이고 정부의 지원을 이끌어 낼 수 있는 특허 전략을 전개하는 것이 중요하다.

둘째, AI 기술의 특허 출원 과정에서 기술이 규제 준수에 활용될 수 있는 요소를 명확히 강조하는 전략이 필요하다. 알고리즘의 투명성과 설명 가능성을 높이는 기술은 규제 기관과 사용자의 신뢰를 구축하고, 향후 규제 강화에 선제적으로 대응할 수 있게 한다. 또한 개인 정보 보호와 데이터 보안을 강화하는 기술을 특허로 출원하면 데이터 관련 규제 요구 사항을 만족시킬 뿐 아니라, 기업의 기술적 신뢰도를 높이고 시장에서의 차별화된 경쟁력을 확보할 수 있다. 나아가 AI 시스템의 안전성과 신뢰성, 특히 시스템 오류 예방 및 책임성 있는 운영 기술을 강조하여 특허를 확보하는 것도 중요한 전략이다.

셋째, 글로벌 AI 규제 논의와 정책 변화에 선제적으로 대응하기 위한 특허 포트폴리오 구축이 필수적이다. 기업들은 글로벌 규제 동향을 지속적으로 모니터링하고 예측 분석을 통해, 규제가 도입되기 전에 미리 대응할 수 있는 기술을 개발하고 특허를 선점하는 전략을 추진해야 한다. 특히 유럽 연합의 「AI법」과 같은 선진 규제 사례를 벤치마킹하여 글로벌 표준에 부합하는 기술 개발과 특허 출원을 병행하면 장기적으로 글로벌 시장 진입 장벽을 낮추고 경쟁 우위를 확보할 수 있다. 또한 특허를 통해 규제 변화에 따른 리스크를 관리하고, 기술의 글로벌 적용성을 높이는 전략을 통해 글로벌 시장 진출을 촉진할 필요가 있다.

넷째, AI 분야 특허 전략의 일환으로 오픈 이노베이션과 전략적 제휴를 적극 활용하는 것도 효과적이다. 기업은 특허 공유, 공동 개발, 라이선싱 협약을 통해 타 기업 및 연구 기관과 협력 네트워크를 구축함으로써 특허 리스크를 분산하고, 기술 혁신의 속도를 높일 수 있다. 특히 AI 규제 대응을 위한 산업 표준화 기구 참여와 공동 연구는 규제 준수 능력을 높이고, 기업의 신뢰성을 강화하는 데도 기여할 수 있다.

결론적으로, AI 기술이 글로벌 산업과 경제의 핵심으로 자리 잡으면서 규제 환경 또한 급속하게 변하고 있다. 기업들이 글로벌 AI 규제 환경과 특허 전략을 유기적으로 결합하여 기술 보호와 동시에 규제 대응력을 높이는 전략을 수립하는 것이 필수다. 이러한 전략적 접근은 기업이 장기적으로 글로벌 시장에서 안정적이고 지속 가능한 경쟁력을 유지하는 데 결정적인 역할을 할 것이다.

참고문헌

법무법인 화우(2024.4). 생성형 AI의 국제 규제 동향.

Madhani, A. & Adamson, T.(2025.2.12). JD Vance rails against 'excessive' AI regulation in a rebuke to Europe at the Paris AI summit. *AP*, https://apnews.com/article/paris-ai-summit-vance-1d7826affdcdb76c580c0558af8d68d2

09
빅 테크 기업들의 AI 특허 전략 비교

최근 AI 기술이 핵심 경쟁력으로 부상하며 구글, 마이크로소프트, 메타, 아마존 등 글로벌 빅 테크 기업 간 특허 경쟁이 치열해지고 있다. 이들은 시장 선점과 신규 비즈니스 기회를 위해 AI 특허 확보에 주력하고 있으며, 구글과 마이크로소프트는 플랫폼 독점과 기술 우위 확보에, 메타는 메타버스와 오픈 소스 전략에, 아마존은 실질적인 사업 적용에 중점을 둔다. 향후 AI 특허 경쟁은 더욱 정교한 전략으로 발전할 전망이다.

AI와 화장품?

빅 테크 기업들의 AI 기술 특허 경쟁 배경

최근 인공지능 기술이 전 세계적으로 핵심 경쟁력으로 부상하면서 글로벌 빅 테크 기업들 간 특허 확보 경쟁이 빠르게 심화하고 있다. AI 기술은 산업 전반에서 혁신을 주도하고, 미래 성장 동력을 좌우할 핵심 요소가 되면서 구글, 마이크로소프트, 메타, 아마존 등 글로벌 주요 기업들이 AI 특허 확보에 앞다투어 나서고 있다.

이들 빅 테크 기업들이 AI 기술 특허를 확보하는 이유는 단순히 기술력을 유지하고 기술 혁신을 선도하는 데 그치지 않는다. 오히려 AI 특허는 기업들이 시장을 선점하고 신규 비즈니스 기회를 창출하기 위한 중요한 전략적 수단으로 자리 잡는다. 확보된 특허들은 경쟁사의 진입 장벽을 높이는 역할을 함과 동시에 새로운 시장 영역에서의 독점적 지위를 확보하는 데 도움을 준다.

빅 테크 기업들은 AI 분야 특허 확보를 통해 기술 모델의 고도화 및 실질적인 응용 기술 확보를 위한 전략을 강화하고 있다. 이를 통해 각 기업은 AI 기술을 자사의 플랫폼 및 서비스에 적극적으로 접목하여 경쟁력을 크게 강화하고 있다. 또한 확보된 특허는 기술 발전의 토대가 될 뿐 아니라 타 기업과의 협력 관계를 구축할 수 있는 중요한 협상 카드로도 활용된다.

특히 최근에는 AI 기술을 메타버스, 가상현실(VR), 증강현실(AR), 클라우드 서비스, 전자상거래, 개인화 서비스 등 다양한 분야와 결합한 통합적인 특허 전략이 주목받고 있다. 기업들은 이러한 분야와 AI 기술을 접목하여 사용자 경험을 향상하고 서비스 혁신을 이루고 있으며, 이 과정에서 확보한 특허들이 시장에서의 주도권을 유지하고 신규 서비스 진입 장벽을 설정하는 데 중요한 역할을 하고 있다.

이처럼 글로벌 빅 테크 기업들은 단순히 개별 기술적 우위에 그치는 것이 아니라, AI 기술 특허를 통해 시장 선점, 신규 비즈니스 확장, 전략적 협력 등 다차원적인 목표를 동시에 추구하고 있다. 이러한 특허 경쟁은 앞으로 더욱 심화될 전망이며, AI 특허 포트폴리오의 규모와 질적 우위를 확보하는 것이 글로벌 기술 패권을 결정짓는 중요한 변수로 자리매김할 것으로 예상된다.

구글의 AI 특허 전략

구글은 AI 기술의 초기 개척자로서 다양한 분야에서 광범위한 특허 포트폴리오를 구축했다. 특히 검색 및 광고 플랫폼의 성능 향상을 위한 머신러닝(ML) 및 자연어 처리(NLP) 기술에 집중하며, 초거대 AI 모델 '제미나이

(Gemini)'를 통해 멀티모달 AI 서비스 제공을 확대하고, 이와 관련한 특허도 전략적으로 확보하고 있다. 구글은 텐서플로(TensorFlow)와 같은 오픈 소스를 제공하면서도, 핵심 기술에 대해서는 전략적으로 특허를 확보하여 시장 경쟁력을 유지하고 있다. 최근에는 AI 기반의 자동화된 콘텐츠 생성, 음성 인식, 클라우드 기반 AI 서비스 등 고부가가치 분야 특허 확보에 집중하며 기술적 독점력을 강화하고 있다.

마이크로소프트의 AI 특허 전략

마이크로소프트는 AI 기술을 클라우드 서비스 플랫폼 '애저(Azure)'와 연계하여 B2B 시장에서의 영향력을 확대하고 있다. 특히 오픈AI와의 전략적 제휴를 통해 GPT 기술 관련 특허를 적극적으로 확보하고, 이를 자사의 다양한 제품과 서비스에 통합하여 경쟁사 대비 차별화된 서비스를 제공하고 있다. 마이크로소프트는 AI 특허 전략을 기술 보호와 더불어 파트너십을 강화하는 수단으로 활용하여, 다양한 기업들과의 협력 관계를 구축하고 있다. 또한 애저 플랫폼을 통해 확보한 AI 기술 특허는 클라우드 기반의 다양한 설루션에서 기업 고객의 기술 혁신을 지원하며 시장 지배력을 확대하는 데 중요한 역할을 하고 있다.

메타의 AI 특허 전략

메타(Meta)는 AI를 메타버스 플랫폼 개발의 핵심 기술로 활용하며 전략적인 특허 확보를 진행하고 있다. 메타의 특허 전략은 크게 두 가지 방향으로 나뉜다. 첫째는 메타버스 관련 AI 기술로, 아바타 생성, 실시간 인터랙션, 가상환경 구축 등의 분야에 특허를 집중 확보하여 플랫폼 경쟁력을 높이고 있다. 둘째는 오픈 소스 기반 AI 전략으로, 라마(LLAMA)와 같은 대규모 AI 모델을 오픈 소스로 공개하여 개발자 생태계를 확장하고 있다. 메타는 오픈 소스를 통해 커뮤니티를 확대하면서도, 플랫폼 핵심 기술의 독자적인 특허 확보를 통해 상업적 독점력을 유지하는 균형 잡힌 전략을 추구하고 있다.

아마존의 AI 특허 전략

아마존은 AI 기술을 주로 클라우드 플랫폼(AWS) 및 음성 인식 플랫폼 '알렉사(Alexa)'와 연계해 전략적 특허 확보에 나서고 있다. 아마존의 AI 특허는 음성 인식, 추천 시스템, 로봇 공학, 물류 자동화 등 실제 사업 분야와 밀접하게 연관되어 있다. 또한 앤스로픽(Anthropic)과 같은 AI 스타트업에 대한 전략적 투자를 통해 AI 기술력을 간접적으로 확보하면서도, AWS 기반 AI 설루션 관련 핵심 기술은 직접 특허를 확보하여 플랫폼의 기술 경쟁력을 높이고 있다. 아마존은 기술의 독점적 보호보다는 실질적 시장 적용 가능성에 초점을 맞춘 AI 특허 전략을 통해 경쟁사 대비 시장 점유율과 사업 확장력을 높이는 방식을 택하고 있다.

빅 테크 기업 간 AI 특허 전략 비교 분석

이처럼 구글, 마이크로소프트, 메타, 아마존 등 글로벌 빅 테크 기업들은 자사의 주요 사업 모델과 미래 전략에 따라 차별화된 AI 특허 전략을 전개하고 있다. 구글과 마이크로소프트는 AI 기술의 전략적 독점과 플랫폼 경쟁력 강화를 위한 특허 확보에 중점을 두고 있으며, 메타는 오픈 소스를 통한 생태계 확장과 메타버스 플랫폼 경쟁력 확보에 특허를 적극적으로 활용하고 있다. 아마존은 AI 기술을 사업과 실질적으로 연결하며 상업적 가치 중심으로 특허 포트폴리오를 구축하고 있다. 기업들이 특허 확보 전략을 추진할 때 우선순위와 활용 방식에 따라 명확한 차이점이 나타난다.

첫째, AI 기술의 원천 기술 확보와 플랫폼 지배력 유지를 중심으로 특허 전략을 수립하는 경우가 있다. 이러한 전략은 현재의 경쟁력을 유지하는 수준을 넘어 장기적으로 시장 판도를 변화시킬 수 있는 차세대 AI 기술 확보에 초점을 맞춘다. 이를 통해 다양한 서비스 간 기술적 통합성을 높이고 사용자 경험의 혁신을 실현하며, 플랫폼 생태계 내에서 독점적 지위를 공고히 하고자 한다.

둘째, 외부 기업들과의 협력 및 개방적 생태계 구축을 중심으로 특허 전략을 구성하는 경우도 있다. 이 전략은 독점적 보호보다 협력을 통해 전체 시장 성장을 촉진하고, 장기적으로 자사 플랫폼의 영향력을 확장하려는 목적을 가지고 있다. AI 생태계 활성화를 위한 파트너십과 공동 기술 개발 등을 통해 시장에서의 영향력을 확대하는 방식이다.

셋째, 초기 시장 선점과 기술 표준화를 목표로 오픈 소스 전략을 적극적으로 활용하는 방식도 존재한다. 핵심 AI 기술을 개방하여 산업 전반의 표준화를 유도하고, 넓은 개발자 커뮤니티와 생태계 형성을 통해 장기적으로 시장을 주도하려는 접근법이다. 이 전략은 기술을 공유하며 시장 진입 장벽을 낮추고, 자사 플랫폼의 미래 경쟁력을 확보하는 데 유리하다.

넷째, 실용적이고 사업 중심적인 접근 방식을 채택하

여 AI 특허를 확보하는 경우도 있다. 이 접근법은 기술적 독점보다는 구체적이고 실질적인 응용 기술을 중심으로 특허를 확보하여 사업적 효율성을 높이고 시장 점유율 확대를 목표로 한다. 비즈니스와 직접 연결된 분야에서 실질적인 경쟁 우위를 확보하는 데 특허 전략의 초점을 맞춘다.

마지막으로, 스타트업에 대한 전략적 투자 및 인수를 통해 AI 기술과 특허를 간접적으로 확보하는 접근도 증가하고 있다. 이 전략은 직접 특허 출원 시 발생할 수 있는 비용과 리스크를 낮추면서도, 혁신 기술을 빠르게 흡수하여 경쟁력을 강화할 수 있는 효과적인 방법으로 주목받고 있다.

종합적으로 빅 테크 기업들의 AI 특허 전략은 단순히 특허 개수를 늘리는 차원을 넘어, 각 기업의 장기 비즈니스 목표와 글로벌 경쟁 환경에 따른 정교하고 전략적인 접근을 통해 진화하고 있다. 이러한 전략적 다양성은 향후 글로벌 AI 시장의 경쟁 구도와 기술 표준화 방향을 결정짓는 중요한 변수로 자리 잡을 것으로 보이며, 기업들은 더욱 복합적이고 정교한 AI 특허 전략을 수립할 것으로 예상된다.

참고문헌

한국지능정보사회진흥원(2024.12.20). 글로벌 빅테크 기업의 AI 투자 고민. ≪The AI Report≫, 9호.

10

미래 AI 특허 전략과 전망

AI 기술이 급속히 발전하고 다양한 산업과 융합하면서 특허 전략의 중요성이 커지고 있다. 기업은 기술 개발 초기부터 특허 포트폴리오 구축을 통해 진입 장벽을 높이고 국제적 분쟁에 대비해야 한다. 향후 데이터 활용, 설명 가능한 AI(XAI), 윤리적 AI 등의 분야에서 전략적 특허 확보가 핵심이며, 글로벌 규제 변화에 신속히 대응할 수 있는 국제적 특허 전략 마련이 필수적이다.

종교와 AI?

AI 특허 전략의 필요성

AI 기술은 현재 급속한 발전을 거듭하며 산업 전반에 걸쳐 큰 변화를 일으키고 있다. 특히 최근 들어 생성형 AI, 초거대 언어 모델, 멀티모달 기술 등 혁신적인 기술의 등장으로 AI 기술의 상업적 응용 분야가 크게 확장되고 있다. 이러한 기술의 발전은 단순한 개별 기술의 진보에 그치지 않고, 제조, 금융, 의료, 교육 등 다양한 산업 분야에서 비즈니스 모델 자체를 혁신하고 있다.

향후 AI 기술은 더욱 복잡하고 정교해지며, 다른 첨단 기술들과의 융합을 통해 새로운 차원의 기술 생태계를 형성할 것으로 전망된다. 예컨대 AI 기술과 IoT(사물 인터넷), 클라우드 컴퓨팅, 빅데이터 분석 기술 등이 융합되어, 더욱 스마트하고 자동화된 시스템을 구현할 수 있을 것이다. 이로 인해 산업 전반에서 효율성과 생산성은 크게 향상될 것이며, 새로운 산업 분야가 창출되는 등 경제적 파급 효과도 클 것으로 기대된다.

이러한 기술 발전의 속도와 융합 양상을 고려할 때, 기업들은 단순히 기술 개발과 연구 개발에만 집중하는 것을 넘어, 특허를 통한 전략적이고 장기적인 경쟁력 확보 방안을 마련할 필요가 있다. 특히 AI 기술은 지적 재산권 보호가 기술적 혁신과 동시에 이루어져야만 경쟁에서 우위를 유지할 수 있기 때문에, 기술 개발 초기 단계부터 특허 전략을 체계적으로 수립하는 것이 매우 중요하다.

글로벌 시장에서 AI 기술 경쟁은 이미 치열하게 진행되고 있으며, 주요 국가들은 국가 차원의 정책 지원을 통해 AI 특허 경쟁력을 적극적으로 높이고 있다. 미국은 이미 오래전부터 AI 기술에 대한 특허 출원을 적극 장려하고 있으며, 특히 특허청(USPTO)을 통해 심사 기준을 명확히 하고 특허 부여 속도를 높이고 있다. 중국 역시 AI 기술을 국가 전략 산업으로 지정하고, 특허 지원 및 출원 촉진을 위한 정책을 강력히 시행하고 있다. 유럽 연합 또한 AI 기술 관련 특허 출원을 촉진하기 위한 다양한 정책을 마련하고, AI 기술의 윤리적 측면까지 고려한 포괄적 전략을 추구하고 있다.

이에 따라 글로벌 시장에서 경쟁력을 갖추기 위해 기업들은 기술 혁신뿐만 아니라 특허 전략을 장기적으로 수립할 필요가 있다. 기업들은 개별 기술 보호뿐만 아니라, 자사의 핵심 기술을 중심으로 한 특허 포트폴리오 전략을 수립하여 경쟁사들이 쉽게 따라올 수 없는 높은 진입 장벽을 구축해야 한다. 또한 특허 포트폴리오 구축을 통해 향후 발생 가능한 특허 침해 소송이나 분쟁에 대비하고, 시장에서의 협상력을 강화할 수 있다.

특히 AI 분야의 특허는 단순히 기술적 특허에 그치지 않고, 알고리즘의 구조나 AI의 학습 방법, 데이터 처리 과정, 그리고 AI 모델을 구현하는 시스템 구조 등 다양한 영역으로 확장될 수 있다. 따라서 기업들은 포괄적이고 체계적인 특허 전략을 마련하여 이러한 다양한 측면에서의 특허 보호를 강화할 필요가 있다.

또한 기업들은 국제적 특허 전략에도 중점을 두어야 한다. AI 기술은 글로벌 시장이 목표기 때문에 주요 국가의 특허 출원 및 등록 절차를 철저히 파악하고 대응해야 한다. 국가별로 상이한 특허 제도와 규제, 심사 기준 등을 고려하여 각각의 지역에서 가장 효율적이고 효과적인 특허 전략을 수립해야 한다. 이를 위해 글로벌 특허 동향을 지속적으로 모니터링하고, 변화하는 국제 특허 환경에 신속히 대응할 수 있는 역량을 키우는 것이 중요하다.

이러한 전략을 실행하기 위해 기업들은 내부적으로 특허 전문가와 기술 개발자 간 긴밀한 협력을 강화해야 한다. 기술 개발 단계부터 특허 전문가가 참여하여, 개발된 기술이 특허 가능성을 최대한 높일 수 있도록 자문하고, 효율적으로 특허 출원을 진행할 수 있도록 지원하는 체계를 마련해야 한다. 또한 변리사와 협력도 강화하여, 글로벌 수준의 특허 관리 역량을 확보하는 것이 바람직하다.

결론적으로, 급속히 변화하고 있는 AI 기술 환경에서 특허 전략의 중요성은 더욱 커지고 있다. 단순한 기술 보호의 관점에서 벗어나, 기술 개발 초기 단계부터 체계적이고 장기적인 특허 전략을 수립하고 실행하는 것이 기업의 지속 가능한 경쟁력 확보에 필수적이다. 향후 AI 기술의 복잡성과 융합성이 더욱 높아질 것이므로, 이에 대비한 전략적 특허 포트폴리오 관리와 국제적 특허 전략의 중요성은 더욱 강조될 것이다.

AI 특허 전략의 주요 방향성

미래 AI 특허 전략에서 가장 중요한 방향은 다음과 같다.

첫째, AI 기술의 다양한 응용 분야에 특화된 특허 포트폴리오를 구축하는 것이다. 의료, 금융, 자율 주행, 콘텐츠 생성, 제조업 등 산업별 특성에 맞춰 특허를 체계적으로 확보하여, 각 분야에서 기술적 독점력을 강화할 필요가 있다.

둘째, 데이터 활용 기술에 대한 전략적 특허 확보가 중요해질 것이다. 데이터가 AI 성능을 결정짓는 핵심 자산으로 자리 잡으며, 데이터 수집 · 관리 · 처리와 관련된 기술을 보호하는 특허가 경쟁력을 좌우할 전망이다. 특히 프라이버시 보호와 데이터 보안을 위한 AI 기술 특허는 글로벌 규제 환경에서의 기술적 차별성을 보장하는 필수적 요소가 될 것이다.

셋째, 설명할 수 있는 AI(XAI) 기술과 윤리적 AI 활용을 위한 특허 확보가 늘어날 전망이다. 글로벌 AI 규제가 강화되는 가운데, 기업들은 AI의 투명성과 책임성을 보장할 수 있는 기술에 대한 특허 전략을 선제적으로 수립해야 한다. 이는 향후 규제 리스크를 줄이고 기업의 윤리적 책임성을 입증하는 데 큰 역할을 할 것이다.

AI 특허 전략의 수립 방안

기업들이 효과적인 AI 특허 전략을 수립하기 위해서는 다음의 방안이 필요하다. 첫째, AI 기술의 미래 트렌드를 지속적으로 모니터링하여 핵심 기술 영역을 미리 파악하고, 선제적으로 특허 출원을 진행하는 전략이다. 이를 통해 경쟁사 대비 시장 진입 장벽을 높이고 기술적 우위를 유지할 수 있다.

둘째, 기업 간 협력과 오픈 소스를 활용한 전략적 특허 관리가 중요하다. 오픈 소스를 통해 AI 생태계를 확장하면서도 핵심 기술에 대해서는 명확한 특허 보호망을 구축해 기술 독점과 협력의 균형을 유지할 필요가 있다. 이를 통해 시장 경쟁력을 유지하면서도 협력을 통한 혁신을 촉진할 수 있다.

셋째, 글로벌 특허 환경 변화에 적극 대응하는 전략이 요구된다. AI 기술의 국제적 규제와 특허 환경이 빠르게 변화하고 있는 만큼, 주요 시장인 미국, 유럽, 중국 등에서의 특허 확보와 동시에 규제 준수를 위한 특허 전략을 병행하는 것이 중요하다.

AI 특허의 미래 전망과 기업 대응안

AI 기술은 향후 산업 전반의 핵심 경쟁력으로 자리 잡을 전망이다. AI 기술의 발전 속도가 빠르고 응용 분야가 다양화되면서, 특허 전략의 중요성은 더욱 강조될 것이다. 특히 기업의 장기적인 경쟁력은 기술의 혁신성과 함께 이를 보호하고 활용할 수 있는 특허 전략의 완성도에 따라 크게 달라질 전망이다.

기업들은 미래 AI 기술 트렌드를 분석하여 중장기적인 특허 포트폴리오를 구축하고, 기술의 보호뿐 아니라 라이선싱, 전략적 제휴 등 다양한 특허 활용 전략을 통해 시장 지배력을 강화해야 한다. 또한 규제 환경의 변화를 미리 파악하고, 이에 대응할 수 있는 기술적 특허를 확보하여 글로벌 시장에서 경쟁력을 유지할 수 있어야 한다.

결론적으로, 미래 AI 특허 전략은 기술 보호를 넘어 글로벌 시장 경쟁력 확보를 위한 핵심적 경영 전략으로 자리 잡을 것이다. 기업들은 이러한 변화에 대비하여 체계적이고 선제적인 특허 전략 수립을 통해 AI 기술 발전과 시장 환경 변화에 유연하게 대응하며 장기적 경쟁 우위를 확보해야 할 것이다.

김용덕

아이피렉스 특허법률사무소 대표다. 숭실대학교에서 정보통신전자공학 학사 학위를 받았다. 조달청 인공지능 및 IoT 분야 우수 제품 지정 관련 평가위원, 발명진흥회 지식재산경영인증 심사위원, 서울지식재산센터 기술보호지원단 전문가로 활동했고, NICE디앤비, SCI평가정보 및 한국기술신용평가에서 인공지능 기술 기업에 대한 기술특례상장 기술 평가위원으로 활동하고 있다. 강북청년창업마루 창업 강사 및 멘토다. 한국발명진흥회 등과 같은 다양한 기관에서 지식재산권 강연을 제공하고 있다. LG전자, 삼성전자, 샤오미, 바이두 등 국내외 유수 대기업들의 지식재산권 업무를 전담한 바 있다. 주요 저서로 ≪기술 특례 상장 바이블≫(2022), ≪인공지능 특허 심사 실무 가이드≫(2022), ≪상표 유사 판단 이론 및 판례≫(2022), ≪디자인 보호법 디자인을 보호하라≫(2023), ≪조달청 우수 제품 지정 성공 전략≫(2024), ≪인공지능 특허 확보 전략≫(2024), ≪지식재산권 권리 이전 바이블≫(2025) 등이 있다.